KB235807

끌리는
매장의
비밀 **

고객을 끌어모으는
매장 관리의 62가지 원칙

끌리는 매장의 비밀

후쿠다 히로히데 지음 | 이철우, 백인수 옮김

청림출판

한 그루의 나무가 모여 푸른 숲을 이루듯이
청림의 책들은 삶을 풍요롭게 합니다.

명품 매장이 고객을 부른다

《손자병법》에는 전쟁에 앞서 승산을 따져보는 계산법으로 도천지장법(道天地將法)이라는 말이 나온다. 도(道)는 명확한 목표와 비전을 세우고 이를 조직 구성원들과 공유하는 것을 의미하고, 천(天)은 하늘의 기후 조건, 즉 외부환경에 대한 철저한 분석과 다가오는 변화에 대한 예측을 뜻한다. 지(地)는 지형 조건으로 내가 처한 위치, 내부적 역량을 나타내며, 장(將)은 현장의 책임자인 리더를 말한다. 마지막으로 법(法)은 조직의 편성과 임무의 배분 등 조직의 운영 시스템을 의미한다.

승산이 있는지를 가늠하기 위해 따져보아야 하는 이 다섯 가지 요소는 비단 전쟁에서만 국한되지 않는다. 이는 비즈니스 현장에서 몸소 느끼고 있는 바이기도 하다. 35년 이상 유통업 분야에 몸담아오면서 나는 도천지장법의 원리가 그대로 적용되는 것을 수없이 경험하고 목격했다.

모든 사업이 그러하듯 유통업에서도 장기적, 단기적으로 명확한 목표를 세워 이를 조직 구성원들과 공유함으로써 함께 나아가야 할 방향에 대한 공감대를 형성하고, 우리가 현재 처해 있거나 다가올 유통환경과 내부적 역량을 철저히 분석해 그에 맞는 전략을 세우는 것이 매우 중요하다. 현장을 이끌어가는 리더부터 그 현장에서 혼신의 힘을 다해 고객을 만나는 판매 직원에 이르기까지 한 사람 한 사람이 현장을 중요시하고 자신의 역할을 다할 때 조직은 더 원활하고 활기차게 운영될 수 있다.

이는 사업의 크기에 상관없이 대형백화점이나 마트의 경영뿐 아니라 각각의 매장이나 독립된 점포를 운영함에 있어서도 마찬가지로 적용되는 원리이다.

그리고 이런 커다란 원리 원칙은 각각의 전술이 밑받침되어야 더 빛을 낼 수 있다. 그렇기에 영업 현장의 리더에서부터 고객을 가장 가까이서 만나는 판매 직원에 이르기까지 항상 더 나은 서비스를 위해 고군분투하며 좋은 전략과 전술을 찾기 위해 노력해야 한다.

이런 노력의 하나로 우리는 몇 해 전 유통 현장의 리더인 '장(將)'의 이야기를 담은 《명품 직원이 고객을 움직인다》라는 책을 펴낸 바 있다. 이 책은 고객과 만나는 가장 중요한 접점에서 고객감동의 실화를 만들어가는 판매 직원들의 명품 서비스 이야기를 담은 책이다.

그 후 이 명품 직원들이 만들어가는 매장의 전략, 즉 '법(法)'의 내용을 공유하고자 노력을 기울이는 과정에서 이를 객관화된 매뉴얼로 정리해주면 좋겠다는 생각이 들었다. 어떻게 매장을 구성하고 꾸밀 것인지에 대해서는 현장 직원들은 사실 감각적으로는 잘 알고 있지만 이것을 구체적인 언어로 처음 입문하는 사람부터 현장을 이끄는 리더까지 쉽게 활용할 수 있는 방법을 알려주면 좋겠다는 생각을 했다.

가장 쉬우면서도 누구나 활용 가능한 책을 찾다가 일본의 비주얼 머천다이징 디렉터가 펴낸 《끌리는 매장의 비밀》(원제:売り場の教科書)이라는 책을 발견했다. 이 책에서는 매장의 가장 기본이 되는 입지 조건 파악과 그에 따른 고객 유도 방법부터 매장의 연출 방법, 상품 진열 방법, 비주얼 머천다이징의 활용 방법 등 성공적인 매장을 운영하는 데 필요한 다양한 요소를 저자가 현장에서 쌓아온 노하우를 기반으로 상세하게 소개하고 있다. 오랜 경험 덕분인지 누구나 한눈에 알아보기 쉽게 잘 정리가 된 책이라는 생각이 들었다. 그렇기에 이 책은 유통업에 몸담고 있지만 매장에 대한 경험이 부족한 관리자나 매장을 처음 창업하여 운영하는 사람, 판매 경험은 있으나 아직 매장 관리에 대한 노하우가 부족한 판매 직원들에게 큰 도움이 될 것이라 믿는다.

우리의 고객들은 계속해서 변화하고 있다. 변화하는 고객의 욕구를 충족시키고 그들의 마음을 붙잡기 위해서는 우리의 매장도 계절과 고객의 욕구를 반영하면서 고객과 함께 변화하는 곳이 되어야 한다. 하나의 모습으로 정체되어 있는 곳이 아닌 살아 움직이는 활기찬 매장을 만들어야 하는 것이다. 상품 하나를 진열하더라도 선반에 늘어놓는 식의 단순한 진열 방법이 아닌 고객의 마음을 헤아리고, 고객의 눈높이까지 살피고, 작은 움직임 하나까지 고려해 고객의 입장에서 해야 한다. 이런 고객 배려를 기반으로 매력과 장점을 구체화시켜 가장 효과적으로 보여줄 수 있는 방법을 연구해야 한다. 우리 매장에서만 경험할 수 있는 특별함과 즐거움으로 고객에게 좋은 인상을 심어주고, 자주 방문하도록 유도했을 때 원하는 매출 향상도 이룰 수 있는 법이다.

어려운 일이 아니다. 이 책의 도입부에 나오는 '매장의 작은 변화가 고객의 마음을 사로잡는다'는 말처럼 작은 변화를 위한 끊임없는 노력들이 우리의 매장을 바라보고 찾아오는 고객들의 마음에는 큰 변화로 다가갈 수 있을 것이다. 이 책을 통해 매장 운영 및 관리 노하우를 습득하고, 자신의 매장에 맞게 적용하여 고객이 들어오고 싶고 계속 찾고 싶은 매장을 만들어 나가는 데 도움이 되기를 바란다.

끝으로 이 책이 출판되기까지 많은 도움을 준 롯데유통전략연구소와 청림출판에 깊은 감사를 드린다.

이철우

비용을 들이지 않아도 매장에 혁신을 꾀할 수 있다

　고객이 매장을 찾는 이유는 다양하다. 물건을 사기 위해 매장을 찾기도 하고, 매장 앞을 지나다 무심코 들어서기도 한다. 그리고 그 이유가 무엇이든 우리는 고객이 매장에 들어오도록 유도하고 상품을 둘러보게 해야 한다. 그리고 이를 구매로 연결시켜 매출을 올려야 한다. 요즘처럼 지갑을 잘 열지 않는 까다로운 소비자를 만족시키고 매출을 향상시키기 위해서는 그들의 입맛에 맞게 매장을 '전략적'으로 조성해야 한다.

　이 책은 '매장 전략'의 기초를 알기 쉽게 소개하고 있다. 그래서 이제 막 입사한 신입사원이나 매장을 처음 맡게 된 점장, 매니저가 읽어도 매장이란 무엇인지, 매장은 어떻게 조성해야 하는지, 상품은 어떻게 진열해야 하는지 등을 쉽게 알 수 있다. 매장에서 어떻게 행동해야 상품이 더 많이 판매되고 활기찬 매장을 만들 수 있는지 그에 대한 모든 해답이 이 책 속에 있다 해도 과언이 아니다.

이 책을 다 읽은 후에는 자신의 노하우를 더해 고객에게 상품을 제안하는 자신감을 얻을 수 있을 것이다. 또한 고객이 미처 발견하지 못한 상품을 추천해줄 수 있는 한 단계 성장한 자신의 모습을 발견할 수 있을 것이다. 그만큼 이 책에는 매출 증진을 위한 구체적인 방법과 기술이 고스란히 담겨 있다.

나는 백화점에서 디스플레이 디자인을 경험한 이후 대형 체인점에서 비주얼 머천다이징(VMD: visual merchandising) 분야를 접하게 됐다. 이후 비주얼 머천다이징 디렉터로서 백화점과 전문점, 로드숍 등의 판매 관리와 상품계획, 판매 촉진 기획, 판매 직원 교육, 상품 진열 방법 등 매장과 관련된 모든 사항을 관리해왔다. 다양한 업계의 여러 매장에서 근무하면서 풍부한 경험을 쌓았고, 매출을 향상시키기 위한 방법에 대해 끊임없이 고민하며 그에 대한 답을 찾으려 노력했다. 그리고 이런 경험을 토대로 '매장은 살아 움직이는 곳'이라는 사실을 깨닫게 됐다.

매장은 주인과 직원의 손길에 따라 어떤 형태로든 변화할 수 있다. 즉 시대 흐름과 유행을 반영해 화려한 매장을 조성할 것인지 아니면 언제나 한결같은 편안한 매장을 조성할 것인지는 당신의 손에 달려 있다. 따라서 매장을 항상 주의 깊게 살피고 정성스럽게 관리해야 한다. 그렇지 않으면 고객은 점차 발길을 돌리고 매장은 활기를 잃게 될 것이다.

매장은 고객이 모이는 장소이다. 살아 움직이는 활기찬 매장을 만들기 위해서는 시대 흐름에 민감히 반응하고 고객과 함께 변화해야 한다. 항상 고객의 입장과 시선을 중시하고 이를 매장에 반영하도록 노력해야 하며, 고객이 매장에서 무엇을 보고 무엇을 느끼는지, 어떤 동선으로 움직이고 상품을 선택하는지 그 과정을 철저히 분석해야 한다. 뿐만 아니라 인터넷을 통해 집에서도 손쉽게 쇼핑할 수 있는 요즘은 오프라인 매장의 장점을 어떻게 활용할 것인지도 중요하게 생각해야 한다. 이런 모든 점을 철저히 숙지하고 매장을 '수익이 나는 곳'으로 만들어야 한다.

이 책에서는 매장을 구성할 때에 빠뜨려서는 안 될 중요한 요소를 삽화 중심으로 해설했다. 각 장의 내용을 간략하게 정리해보면 1장은 '반드시 알아두어야 할 매장의 기본'이다. 매장이 존재하는 이유와 매장을 구성하는 방법에 대해 소개한다. 전략적인 상품 진열 방법과 디스플레이 방법으로 비주얼 머천다이징을 소개하고 현장에 바로 적용할 수 있는 노하우를 담았다.

2장은 '매장의 레이아웃'에 관한 내용이다. 고객이 매장 안에서 어떻게 이동하는지, 고객의 동선에 맞춰 상품을 어떻게 진열해야 하는지를 살펴보고 매출 상승에 효과적인 매장 구성의 노하우를 소개했다.

3장은 '상품 진열의 기본'에 대한 내용이다. 상품을 어디에, 어떻게 진열하는가에 따라 매출이 오르기도 하고 떨어지기도 하는데, 고객의 입장과 시선을 고려함으로써 더 많은 상품을 판매하기 위한 진열 방법을 소개한다.

4장은 '매장 연출 방법'에 관해 다루고 있다. 단골고객을 좀 더 많이 확보하고 기존의 충성고객에게도 '그곳에 가면 왠지 재미있는 뭔가가 있을 것 같다'는 생각이 들도록 매장의 매력을 돋보이게 하는 방법을 다뤘다.

마지막으로 5장은 '꾸준히 사랑받는 장수 매장'이 되기 위한 방법을 소개한다. 고객이 매장을 지속적으로 방문해 상품을 구입하기 때문에 매장은 존재한다. 따라서 고객이 기분 좋게 쇼핑할 수 있도록 반드시 지켜야 할 기본 사항을 재확인해야 한다. 의외로 우리 주변에는 이 기본을 지키지 않는 매장이 많다. 이 책을 읽고 기본에 반드시 주의를 기울이게 되길 바란다.

끝으로 이 책이 매장에서 일하는 판매 직원과 지점장, 매니저 그리고 그 외의 수많은 관계자들에게 조금이나마 도움이 되길 바라며 집필에 도움을 주신 모든 분들께 고마움을 전한다.

후쿠다 히로히데

2장 고객의 발길을 붙잡는 매장 레이아웃

3장 고객의 호기심을 자극하는 상품 진열

4장 구매를 이끄는 다양한 매장 연출법

5장 오랫동안 사랑받는 매장 만들기

이 책은 고객의 마음을 사로잡는 매장을 연출하기 위한 실전지침을 소개하는 책입니다. 매장을 전문적으로 다루기 때문에 일반적인 용어가 좀 더 세분화되었습니다. 예컨대 매장 디스플레이는 디스플레이와 상품 진열로 구분되었습니다. 이 책에서 쓰인 용어와 용례를 먼저 알아두시면 책의 활용도를 높일 수 있습니다.

매장 구성 단계별 용어

레이아웃 - 매장의 전반적인 구성을 잡는 일. 고객 동선, 콘셉트, 타깃 고객의 구매 패턴 등에 따라 집기와 기구, 상품 등 각 구성 요소를 어떻게 배치할지를 결정하고 시행한다.

디스플레이 - 판매를 목적으로 매장 안에 별도의 공간을 조성하고, 주제를 정하여 콘셉트에 따라 상품을 전시하는 방법으로 단순한 상품 진열과 구분된다. 예를 들면 '봄'이라는 주제라면 그에 따라 봄의 피크닉 느낌이 나도록 상품을 구성하여 전시하는 것이다.

매장 연출 - 매장 콘셉트에 따라 이미지를 만드는 데 사용되는 다양한 방법을 말한다. 생동감, 리듬감을 주는 구성 방법, POP 광고 등의 활용법, 조명 연출법, 소품 연출법, 색상 연출법 등이 해당된다.

상품 진열 - 고객에게 상품을 직접적으로 제안하는 방법으로 보기 쉽고, 알기 쉽고, 고르기 쉽게 보여주는 것이다. 다양한 집기를 활용하여 올려놓기, 매달기, 걸어두기, 입혀두기 등의 방법을 사용한다.

매장 구조 및 구성 관련 용어

집기, 기구 - 상품을 진열하기 위해 사용되는 도구이다. 대표적인 집기 종류로는 곤돌라 케이스, 매대, 유리 케이스, 마네킹 등이다.

스테이지 - 디스플레이를 설치하는 장소를 말한다. 일반적으로 한 매장을 구성할 때 주력 상품을 판매하기 위해 진열해놓은 메인 스테이지와 각 선반이나 집기마다 그보다 비중이 작은 디스플레이 포인트로 조합한다.

윈도우 - 창문 형태로 꾸며져 상품을 디스플레이하는 공간이다. 주로 매장 밖에서 고객의 관심과 주목을 끌어내기 위해 배치한다.

회유성 - 고객이 매장 안을 둘러보며 움직이는 것을 말한다. 회유성이 높을수록 매장의 상품이 고객의 눈에 들 확률이 높아지고, 이는 매출 상승으로 연결된다.

객단가 - 고객이 구입한 금액이다. 객단가와 고객수가 곱해졌을 때 매출이 나온다.

매장의 작은 변화가 고객의 마음을 사로잡는다

지금 당장 실천할 수 있는 작은 변화가 매장을 새롭게 탄생시킨다.
비용을 들이지 않고도 누구나 간단히 매출 향상을 이룰 수 있다.
이것이 바로 매장 구성의 '묘미'다.

01

매출이 쑥쑥 오르는 1등 매장이 되자

: 작은 변화로 고객을 사로잡는다

: 매장이 존재하는 이유

매장은 상품을 판매하기 위해 존재한다. 매장을 보기 좋게 꾸미고, 상품을 깨끗이 정리하고 진열해도 결국 상품이 팔리지 않으면 매장이 존재하는 의미가 없다. 매장은 '매출 신장'이라는 목표를 위해 전략적으로 구성해야 한다.

: 상품 구매로 연결되는 매장 구성

잡화점을 예로 들어보자. 매장 선반에 형형색색의 아기자기한 소품과 잡화 등이 진열되어 있다. 매장을 방문한 고객은 직접 손으로 상품을 만지며 살피기 시작한다. 하지만 상품을 들었다 놓을

작은 변화로 매출을 향상시킨다

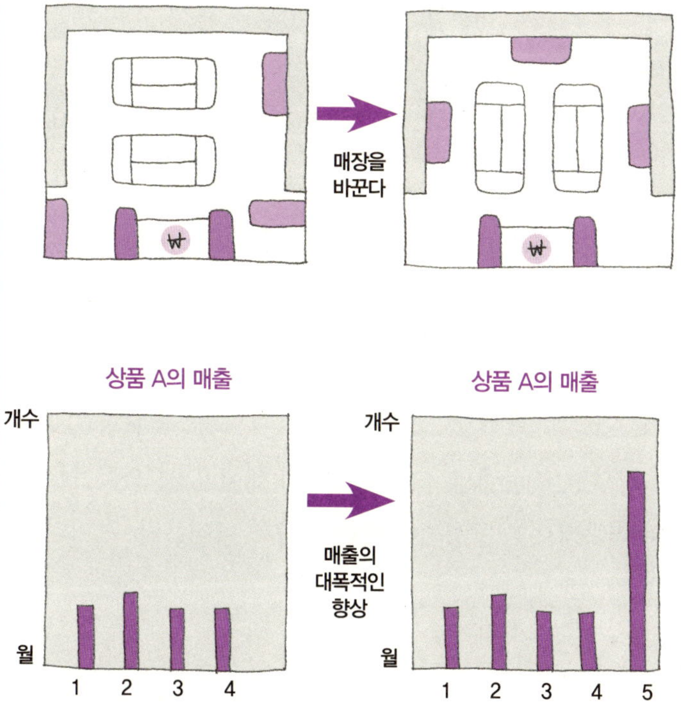

상품 자체의 매력만큼 매장에도 고객을 사로잡을 수 있는 매력이 필요하다.

뿐 좀처럼 구매하지 않는다면 이는 매장 구성이 제대로 이루어지지 않았다는 의미다.

상품은 두서없이 마구 섞어 진열하는 것이 아니라 한 가지 주제를 정해 그것에 따라야 한다. 가령 무더운 여름철이라면 '시원함'이 느껴지는 차가운 계열의 색상을 중심으로 눈에 띄는 입구 쪽에 진열한다. 그러면 고객들은 상품에 관심을 나타내기 시작한다.

상품은 주제나 목적 없이 그저 보기 좋게 진열한다고 해서 팔리지 않는다. 계절과 시기에 맞게 '시원함' 혹은 '따뜻함'이라는 뚜렷한 주제를 정하고 그에 맞게 진열해야 한다. 그래야 고객의 관심을 끌 수 있고 '지금 이 계절에 꼭 필요한 아이템'이라는 생각을 하게 되면 구매로 이어진다.

이처럼 선반에 늘어놓는 단순한 개념의 진열 방법에서 벗어나 계절과 고객의 욕구에 걸맞는지 꼼꼼히 살피고 매장에 작은 변화를 주며 전략적으로 구성해야 매출을 쑥쑥 끌어올릴 수 있다.

02

매장의 목표에 따른 콘셉트와 주제 정하기

: 무조건 늘어놓는다고 팔리는 것은 아니다

: 재고창고가 되지 않도록 한다

매장은 단순히 상품을 늘어놓고 판매하는 곳이 아니다. 만일 그렇게 생각한다면 그 매장은 상품을 쌓아두는 재고창고에 지나지 않는다. 매장은 반드시 '상품을 팔고 싶다', '이런 고객이 왔으면 좋겠다' 등의 목표가 있어야 한다. 이를 토대로 판매 방침 즉 '매장 콘셉트'를 정하고 그에 맞는 주제를 선택해 구체화해야 한다.

그런데 매장 콘셉트가 고객에게 제대로 전달되지 않으면 '도대체 이 매장은 뭘 팔려는 거지?', '뭐가 뭔지 정신이 하나도 없네' 등 나쁜 인상을 줄 수 있다. 이는 매출이 떨어지는 결과로 이어질 수 있으니 주의하자.

쭉 늘어놓은 일차원적인 진열에서 벗어나자

매장 콘셉트와 주제를 정해 고객의 관심을 자극한다.

의류매장을 예로 들어보자. '푹푹 찌는 무더운 여름에도 자신만의 멋진 스타일을 연출하고 싶은 여성의 마음을 사로잡자!'를 콘셉트로 정해보자. 설정한 콘셉트에 따라 판매 상품의 주제를 '여름철의 뜨거운 태양을 멋스럽게 차단한다!'로 정하고, 모자를 중심으로 UV선글라스와 자외선 차단 장갑, 리넨 손수건 등을 여름철 신상품으로 진열해보면 어떨까?

즉 기존의 평범한 매장을 '여름은 덥고 짜증나는 계절이 아니라 시원하고 멋스럽게 연출할 수 있는 즐거운 계절'이라는 메시지를 전하는 매장으로 변신시키는 것이다.

이와 마찬가지로 드러그 스토어의 경우도 의약품과 화장품 등을 뚜렷한 주제 없이 진열하기보다, 겨울철이라면 인플루엔자와 감기를 주제로 독감 예방에 관심이 높은 고객을 사로잡는 방법은 어떨까?

이처럼 매장은 콘셉트와 주제를 명확히 설정하고 이에 따라 상품을 전략적으로 진열해야 매출을 향상시킬 수 있다.

03

: 장수 매장의 전제 조건

고객이 매장을 방문해야만 상품을 판매할 수 있다. 고객이 매장을 자주 찾게 하려면 거리의 수많은 매장과 차별화하여 '멀지만 가보고 싶다', '가도 가도 또 가고 싶다' 등 고객의 마음을 사로잡을 수 있어야 한다. 이런 매력적인 매장이 되면 자연히 단골고객이 늘어나고 충성고객도 생겨난다.

매장을 구성할 때는 그 매장만의 특별한 장점이나 이미지 혹은 메시지가 정확히 드러나도록 해야 한다.

고객에게 선택받기 위한 전제조건

- 상품 구색

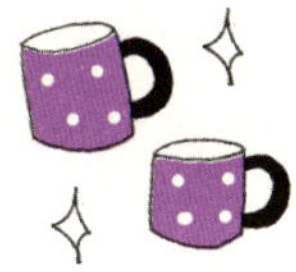

오리지널 상품 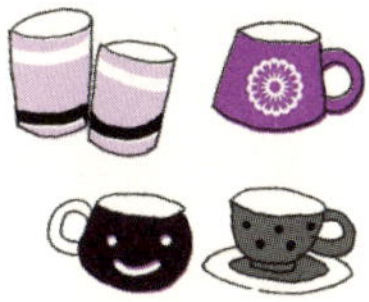　　　　다양한 상품

- 고객 서비스

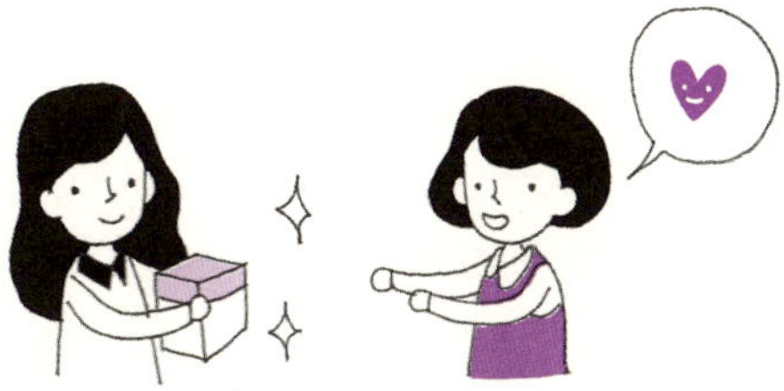

- 매장 분위기

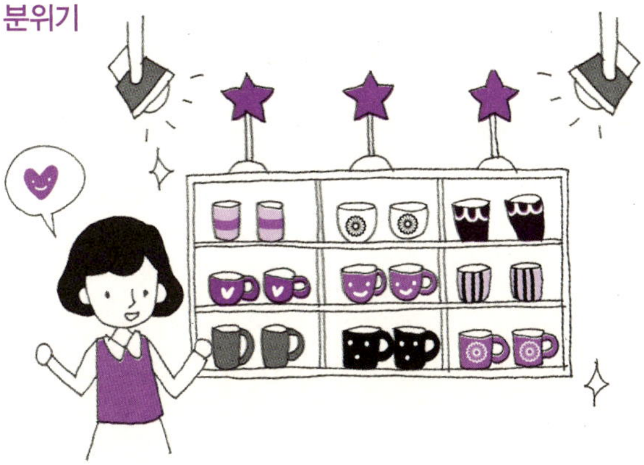

그 매장에서만 경험할 수 있는 특별함과 즐거움을 선사한다.

: 그곳에서만 느낄 수 있는 특별함

'그곳에서만 살 수 있는 오리지널 상품', '다양한 상품군', '고객의 취향과 욕구에 대한 세심한 배려', '디스플레이와 조명 등으로 편하게 연출한 매장 분위기' 등의 요소가 매장을 차별화시킨다. 우리는 이러한 요소를 적절히 활용해 다른 매장에서 흉내 낼 수 없는 특별한 장점과 매력을 만들고 고객의 마음을 사로잡아야 한다.

또한 고객의 입장에서 '매장의 특별함이란 무엇인가?'에 대해 생각해봐야 한다. '그 매장에 가면 갖고 싶었던 물건이 있고, 내 취향을 잘 아는 판매 직원이 있어 즐겁게 대화를 나눌 수 있다' 혹은 '편안한 분위기에서 쇼핑을 즐길 수 있다' 등 그 매장에서만 경험할 수 있는 특별함을 고객에게 알려야 한다. 그렇게 하면 '멀어도 가고 싶다', '몇 번이라도 가고 싶다'고 느끼는 단골고객과 충성고객이 늘어나고, 결과적으로 매출 또한 향상된다.

설렘 가득한 쇼핑을 연출하라

: 인기투표 이벤트로 고객 참여 이끌기

: 구체적인 목표를 설정한다

매출이 높은 매장은 단순히 '더 많은 고객이 왔으면 좋겠다', '고객이 더 많은 상품을 둘러봤으면 좋겠다'처럼 막연한 기대를 하지 않는다. 매출 목표를 구체적으로 설정하고, 전략적으로 방법을 고민하여 판매에 나선다.

예를 들어 매출 목표액을 설정하거나, 특정 상품의 판매 수량 또는 캠페인의 인기도 향상 등 목표를 구체적으로 세우고 직원 모두가 이를 공유한다.

이처럼 목표가 뚜렷해지면 가령 '고객의 회유성(고객이 매장 안을 둘러보며 움직이는 것)을 높이려면 어떻게 해야 하는가' 등 목표를 효

마치 게임을 하듯 쇼핑을 즐기도록 유도해 고객의 구매 욕구를 자극한다.

과적으로 달성하는 데 도움이 되는 다양한 방법을 고민하게 된다. 그리고 이렇게 찾은 효과적인 방법을 매장에 반영할 수 있다.

: 구매로 이어나가는 방법

예를 하나 들어보자. 어느 의류 전문점은 '올해 유행 트렌드를 알려 상품 A와 B의 판매 수량을 늘린다'를 목표로 정했다. 이에 따라 매장은 전체 메인 스테이지와 각 코너의 메인 장소에 마네킹을 두고 트렌드 상품인 A와 B를 입혀 고객에게 선보였다. 그리고 고객이 마네킹 코디네이션과 진열된 상품을 보며 매장 안을 둘러보도록 유도하기 위해 인기투표 이벤트를 열었다.

이벤트 개최는 고객의 회유성을 높이고 쇼핑의 즐거움을 배로 증가시킨다. 이는 고객의 관심을 이끌어 구매로 연결 짓는 효과적인 매장 구성 방법이다. 이런 이벤트는 가능한 큰 비용을 들이지 않고도 누구나 간단히 실행할 수 있어야 하며, 몇 번을 반복해도 고객에게 신선함을 줄 수 있어야 한다.

1장

끌리는 매장을
만드는 기본 요소

매장을 구성하는 데는 다양한 방법과 노하우가 있다.
하지만 그중에서도 반드시 알아두어야 할 '기본'이 있다!
이번 장에서는 그 기본에 대해 살펴보도록 하자.

01

매장 구성의 3요소

: 장소, 상품, 고객 서비스의 역할

: 매장 구성은 매출의 기본 조건이다

기본적으로 매장의 모든 상품은 팔리기 전 단계이므로 '재고 상품'이라 할 수 있다. 이 중에는 선반에 진열만 해도 불티나게 잘 팔리는 인기 상품이 있는가 하면 눈에 띄는 장소에 진열해도 좀처럼 팔리지 않는 비인기 상품도 있다.

그러므로 매출을 올리기 위해 비인기 상품도 잘 팔릴 수 있도록 상품 진열 방법을 연구하고 적극적인 자세로 판매에 임해야 한다. 이것이 매장 구성이 필요한 이유다.

매장은 이렇게 구성된다

Shop 매장 구성의 3요소와 그 역할을 숙지해 매출을 향상시키자.

매장 구성이 제대로 이루어져야 매출이 오른다. 매장에는 상품을 판매하기 위한 다양한 역할이 존재한다. 첫 번째가 바로 '장소 ― 공간'이다. 입구와 플로어, 윈도우, 벽면 등 매장의 모든 장소와 공간에는 상품을 판매하기 위한 각각의 역할이 있다. 예를 들어 매장 입구는 고객을 매장 안쪽으로 유도하는 역할을 하고, 벽면은 다양한 상품을 진열해 고객이 상품을 비교하면서 고를 수 있도록 한다.

그 다음으로 판매를 위한 '상품'과 상품을 진열하기 위한 '도구'가 있다. 매장에서 사용되는 도구는 흔히 '집기' 또는 '기구'라고 한다. 선반이 있는 집기에는 상품을 깔끔히 정리해 진열하고, 신상품은 기구를 활용해 눈에 띄도록 하는 등 상품을 좀 더 매력적으로 돋보이게 하는 진열 방법을 연구한다.

또한 매장은 고객과 판매 직원이 만나는 공간이며 매장에서 이루어지는 '고객 서비스'를 통해 상품이 판매된다. 고객과 판매 직원 사이에 강한 유대감과 공감대가 형성되면 그 고객은 다시 매장을 찾게 된다.

02

: 고객에게 상품을 제안한다

매장은 고객의 일상과 밀접한 관련이 있다. 회사원의 출퇴근, 학생들의 등하교, 기념일, 파티, 여행 등 우리의 일상에는 다양한 상황이 존재하는데 이 상황에 맞춰 고객이 필요로 하는 상품이나 서비스를 제공하는 곳이 바로 매장이다.

그러나 매장은 고객이 필요로 하는 상품만 취급하는 수동적인 공간이 아니다.

때로는 '이런 상품도 있어요. 필요하지 않나요?'라며 적극적으로 상품을 제안하기도 한다. 고객에게 '그곳에 가면 필요한 물건을 살 수 있다', '그곳 물건은 다 사고 싶어져', '뭔가 괜찮은 물건이 있을

고객이 필요로 하는 상품은 물론 필요하지 않은 상품도 찾기 쉽게 정리한다.

거야' 등 좋은 인상을 심어주고 매장을 자주 방문하도록 자극해 구매를 유도해야 한다.

: 동일한 상품은 이제 그만, 다양한 상품을 갖춘다

매장은 단순히 상품을 진열하는 공간이 아니다. 필요한 물건을 살 수 있는 구매 장소이자 '사두면 쓸모가 있겠는데', '이런 상품도 있구나'라고 느낄 수 있도록 다양한 상품을 고객에게 제안하는 공간이 되어야 한다.

고객이 매장을 방문했는데 사고 싶은 상품을 찾을 수 없거나 다른 매장에서도 파는 비슷한 상품만 있다면 그 매장에 실망하여 다시 찾지 않을 것이다. 그 결과 매출에 부정적인 영향을 미칠 수도 있다. 따라서 고객에게 제안할 수 있는 다양한 상품을 갖추고 판매 직원도 '고객이 묻는 질문에만 대답한다'는 일차원적인 서비스에서 벗어나 상품을 적극적으로 제안하는 고차원적인 서비스를 제공해야 한다.

03

매장이 지켜야 할 기본 중의 기본

: 청결하고 쾌적한 매장을 만들자

: 적당히 넘기기 쉬운 기본에 충실하자

고객이 자주 찾는 활기찬 매장이 되려면 무엇보다 기본에 충실해야 한다. 매장 관리의 기본은 두 가지인데 첫 번째가 청결이고 두 번째가 쾌적이다.

판매 상품과 선반 그리고 매장 구석에 먼지가 쌓여 있는지, 유리에 지문이 묻어 있거나 더럽지 않은지, 플로어는 깨끗한지 등 세세한 부분까지 철저히 관리한다. 그러기 위해서는 매일 청소를 게을리해서는 안 된다.

매장 곳곳에 청소 점검표를 만들고 당번제를 실시해 그날의 담당자가 청소 상태를 철저히 점검하는 체계적인 관리 시스템이 필

고객에게 기분 좋은 쇼핑을 선사한다

● 청결

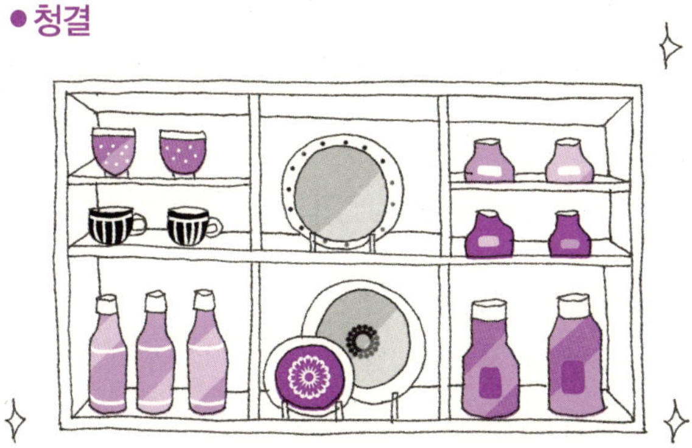

● 쾌적

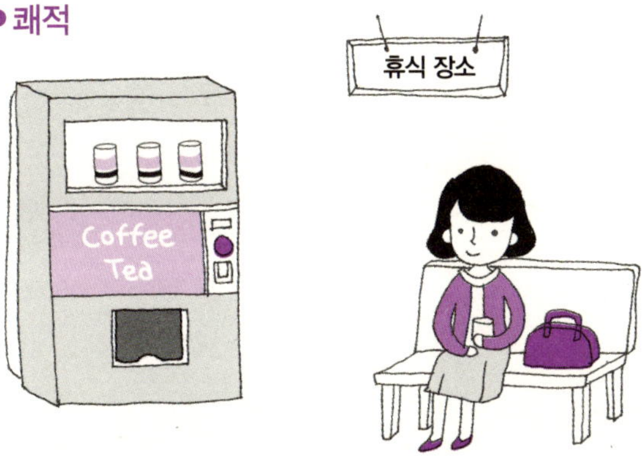

Shop 매장의 세세한 부분을 살펴 쾌적하고 편안한 분위기를 조성하자.

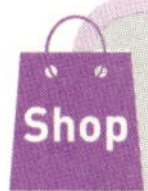

요하다. 흐트러진 상품을 수시로 정리 정돈하는 작업도 빠뜨려서는 안 된다.

: 오래 머물러도 지치지 않는 매장

쾌적한 매장은 고객이 오래 머물러도 쉽게 지치지 않는 공간을 말한다. 즉 매장 안에 의자나 소파를 마련해 쇼핑을 거의 마무리하고 집으로 돌아가기 전에 잠시 쉬어갈 수 있는 휴식 공간을 만들면, 고객이 좀더 편하게 그 매장을 이용할 수 있다. 또한 매장 안 통로와 천장 등을 넓고 높게 설계해 개방적인 분위기를 연출하면 고객은 오랜 시간 머물러도 피로함을 덜 느낀다.

물론 취급 상품에 따라 달라지겠지만 매장에 듣기 적당한 볼륨의 부드러운 음악을 틀거나 아로마와 같이 기분 좋은 향을 더해주면 고객이 보다 쾌적하고 편안한 마음으로 쇼핑을 즐길 수 있다.

입지 조건을 정확히 파악하기
: 매장이 고객의 눈에 띄는 곳에 자리하는가?

: 고객에게 매장의 위치를 알려라

매장을 구성하기 전에 가장 먼저 파악해야 할 것이 있다. 바로 매장이 위치하는 지역과 장소, 즉 입지 조건의 장단점이다. 우리는 이를 최대한 효율적으로 활용해 매장 레이아웃을 구성해야 한다. 무조건 열심히 판다고 해서 매출이 오르는 것이 아니기 때문이다. 지역과 주변 환경을 고려하지 않은 상품 구색은 고객에게 외면당하기 쉽다.

예를 들어 매장이 빌딩 안에 위치한 임대 매장이라면 빌딩 입구 쪽에 가까운지 아니면 안쪽에 가까운지에 따라 고객의 수와 동선이 달라지고, 매장 입구의 방향과 레이아웃도 180도 달라진다. 즉

● 엘리베이터에서 내려 쉽게 찾아갈 수 있는 매장이라면 좋겠지만

● 그렇지 않은 경우에는?

① 윈도우 디스플레이로 고객의 관심과 눈길을 끈다.
② 매장 가까이에 입간판을 놓는다.

매장이 눈에 띄지 않거나 찾기 어려운 경우에는 고객의 시선을 끌 수 있는
색다른 방법을 모색한다.

고객이 엘리베이터를 타고 내렸을 때에 바로 보이는 매장이라면 다행이지만 그렇지 않은 매장은 윈도우나 입간판을 이용해 '여기에 매장이 있어요!'라는 메시지를 고객에게 전해야 한다.

: 골목 안쪽에 위치한 로드숍이라면?

뿐만 아니라 유동 인구가 적은 골목 안쪽의 로드숍은 입구를 개방적으로 만들어 고객이 매장 안으로 쉽게 들어올 수 있게 해야 한다. 또한 매장 앞을 지나는 사람들에게도 '여기 좀 보세요! 여기에 이런 매장이 있어요!'라는 메시지를 전할 수 있도록 매장 입구와 윈도우를 최대한 활용한다.

예를 들어 고객의 눈길을 끌 수 있는 디스플레이를 이용하거나 입구 쪽에 인기 상품을 진열해 잠시 서서 구경하도록 만든다. 또한 방문고객을 정성스럽게 맞이하고 대화를 나누며 다시 찾고 싶은 마음이 생기도록 부담스럽지 않은 선에서 응대한다.

이처럼 매장을 구성할 때는 제일 먼저 입지 조건의 장단점을 파악하고 이를 토대로 전략적인 레이아웃을 모색해야 한다.

05

타깃 고객에 따라 판매 전략을 달리한다

: 핵심 고객층을 정확히 파악하자

: 고객 정보를 얻는 4가지 포인트

매장을 구성할 때에 입지 조건과 함께 중요한 것이 '방문고객 중 어떤 사람들이 많은가?'에 대한 정보이다. 사실 의류 상품과 같이 타깃이 미리 정해진 매장은 그나마 나은 편이지만 우리 주변에는 자기 매장의 핵심 고객층이 어떤 사람인지 정확히 파악하지 못한 채 상품을 파는 곳이 적지 않다.

매장은 고객층에 따라 상품 진열과 콘셉트, 판매 전략 등이 달라진다. 따라서 고객에 대한 정보와 실태를 파악하기 위해 다음의 4가지 포인트를 잘 숙지해야 한다.

알아두어야 할 고객 정보는?

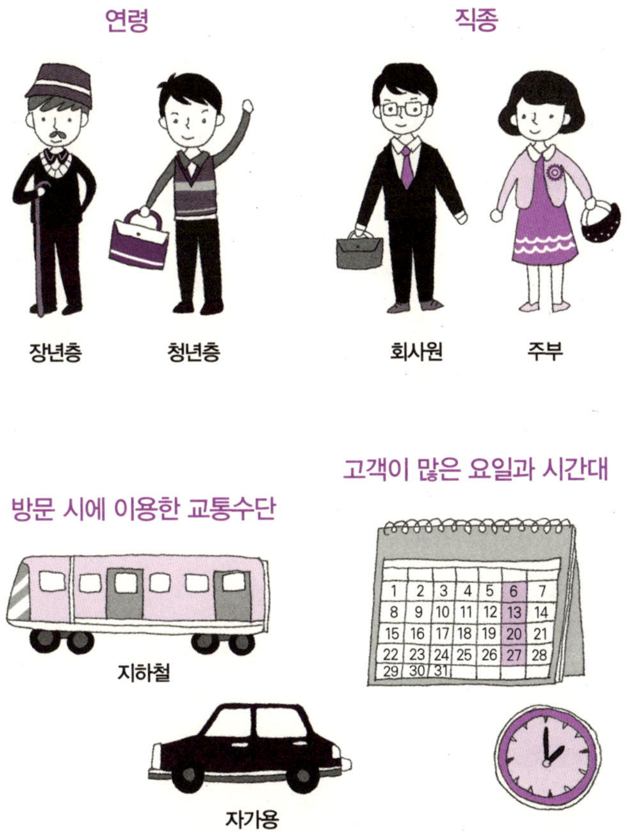

연령

장년층　　청년층

직종

회사원　　주부

방문 시에 이용한 교통수단

지하철

자가용

고객이 많은 요일과 시간대

매장을 찾는 고객층에 따라 상품 종류를 바꾸고 판매 전략을 세운다.

1. 어떤 고객(연령과 직종)이 매장을 방문하는가?

2. 어느 지역에서 찾아오는가?

3. 어떤 교통수단을 이용하는가?

4. 무슨 요일의 어느 시간대에 자주 방문하는가?

고객 정보를 얻을 수 있는 위의 4가지 포인트를 통해 우리는 현재 매장에서 판매하는 상품이 적절한지, 주력 상품을 어느 시간대에 판매해야 하는지 등을 재점검할 수 있다.

: 설문조사를 통한 정보의 업데이트

이 4가지 포인트에 해당하는 정보는 고객 관찰과 포인트 카드 발급 시의 간단한 설문조사, 고객과의 대화를 통해 얻을 수 있다. 단, 최근에는 고객의 라이프 스타일이 예전과 달리 시시각각 변하므로 정보를 수시로 업데이트해야 한다.

고객 정보를 통해 유행 트렌드를 새롭게 발견하거나, 혹은 고객의 욕구 변화에 발 빠르게 대처할 수 있고 고객에게 꾸준한 사랑을 얻을 수 있다.

06

쇼핑 패턴에 따라 매장 레이아웃이 달라진다

: 상품 구매의 4가지 패턴

: 고객의 구매 욕구란?

고객은 다양한 욕구를 충족시키기 위해 매장을 찾고 쇼핑을 즐긴다. 고객이 상품을 구입할 때 충족시키고자 하는 구매 욕구는 크게 4가지 패턴으로 구분되고, 이에 따라 매장의 레이아웃이 달라진다. 고객의 구매 욕구에 맞춘 레이아웃은 매출 향상의 일등공신이라 할 수 있다.

: 고객의 4가지 구매 패턴

자신의 매장이 고객의 어떤 패턴을 충족시킬 수 있는지 파악하고 그에 맞는 레이아웃을 짜도록 한다.

고객이 원하는 것은?

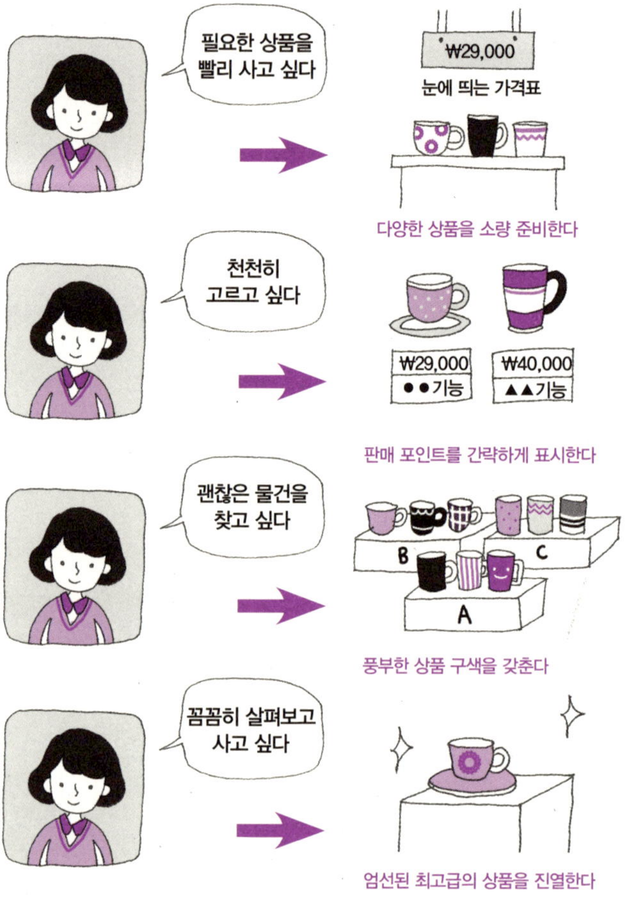

다양한 상품을 소량 준비한다

판매 포인트를 간략하게 표시한다

풍부한 상품 구색을 갖춘다

엄선된 최고급의 상품을 진열한다

고객의 구매 욕구에 따라 상품과 매장의 레이아웃을 변경한다.

❶ 필요한 상품을 빨리 구입하고 싶은 욕구

갖고 싶은 상품이 이미 정해져 있어 오랜 시간을 들이지 않고 바로 구입하고 싶은 경우이다. 상품을 보고 바로 알 수 있게 진열하되, 단품을 대량으로 진열하기보다 다양한 상품을 소량 진열하고, 상품명보다 가격표가 눈에 띄도록 POP 광고를 부착한다. 즉 상품을 쉽게 구매할 수 있도록 매장 레이아웃을 짜는 것이 중요하다.

❷ 갖고 싶은 상품을 천천히 고르고 싶은 욕구

다양한 상품 중에서 갖고 싶은 상품을 선택하고 직원의 조언을 들으며 구입하고 싶은 경우이다. 상품의 최대 판매 포인트와 고객이 원하는 정보를 간단명료하게 나타낸다.

❸ 보물찾기를 하듯 괜찮은 상품을 찾고 싶은 욕구

딱히 필요한 물건은 없지만 매장을 둘러보면서 괜찮은 물건을 찾고 싶은 경우이다. 그만큼 이 경우에는 충동구매가 자주 발생한다. 매장은 다양한 상품 구색을 갖추고 관련 상품을 하나의 섹션으로 묶어 진열하는 것이 좋다.

❹ 조용한 매장에서 질 좋은 상품을 찾고 싶은 욕구

상품을 꼼꼼히 따져보고 일일이 살피면서 질 좋은 상품을 샀다는 만족감을 얻고 싶은 경우이다. 고급스러운 브랜드 이미지를 연출하고 엄선된 최상급의 상품을 준비한다.

07

고객에게 어떤 상품을 제안할 것인가?

: 5W2H를 통한 효과적인 판매 전략

: 타깃 고객이 상품을 한눈에 알아볼 수 있도록

매장은 고객이 상품을 보고 '이런 상품이구나!' 하고 곧바로 알아차릴 수 있어야 한다. 상품이 복잡하게 진열된 매장은 '이 매장은 뒤죽박죽 정신이 없네. 도대체 뭘 파는 곳이야?' 하는 나쁜 인상을 줄 수 있고 결국 고객의 구매 욕구를 떨어뜨린다.

따라서 판매 상품의 매력을 고객에게 잘 전달하기 위해서는 5W2H의 7가지 사항을 꼼꼼히 살피고 확인하도록 하자. 단 '이 제품은 이런 고객에게 제안하고 싶다', '상품의 매력을 좀 더 알려야겠다', '이 제품은 이렇게도 활용 가능하다' 등 고객에게 전하고 싶은 정보를 토대로 살핀다.

고객에게 전하고 싶은 정보를 정리한다	
❶ 언제?	계절과 시간
❷ 어디서?	매장 앞, 입구, 내부, 윈도우 등
❸ 누구에게?	타깃 고객
❹ 무엇을?	판매 상품
❺ 왜?	상품을 사야 하는 이유
❻ 얼마나?	수량과 재고
❼ 어떻게?	상품 진열과 디스플레이

어떤 고객에게 어떤 상품을 어떻게 판매할 것인지에 대해 정리한다.

: 5W2H의 체크 포인트

아래 5W2H의 7가지 포인트를 정확히 파악하면 평범한 매장에서 벗어나 고객에게 전하고 싶은 정보를 명확히 전달할 수 있는 매력적인 매장으로 변신할 수 있다. 이를 대전제로 매장 레이아웃을 고려한다.

1. 언제 (When) : 상품 진열의 타이밍, 계절과 시간

2. 어디 (Where) : 진열 장소, 매장 앞, 입구, 내부, 윈도우 등

3. 누구 (Who) : 주요 타깃 고객

4. 무엇 (What) : 상품명, 상품 내용 및 특성

5. 왜 (Why) : 상품의 장점과 매력

6. 얼마나 (How many) : 상품의 수량 및 재고

7. 어떻게 (How to) : 상품 진열 방법, 디스플레이

08

상품의 매력과 장점을 단번에 알려라

: 비주얼 머천다이징을 이용한 판매 전략

: 상품을 어떻게 보여줄 것인가

상품을 매장에 한가득 쌓아 놓거나, 비슷한 상품이 중복되거나, 커다란 광고 문구에 상품이 가려지는 등 어수선한 광경을 목격한 적이 있는가? 이런 매장에서는 상품을 제대로 둘러보기 어려울 뿐만 아니라 구매 욕구도 떨어진다.

상품에는 저마다 특별한 매력과 장점이 있다. 이를 최대로 부각시켜 고객의 눈에 띄도록 하는 것이 비주얼 머천다이징(VMD, visual merchandising)의 역할이다. 즉 고객의 움직임을 고려해 상품의 매력과 장점을 구체화시키는 상품 기획(머천다이징)의 시각화(비주얼화)라 할 수 있다. 예를 들어 '이 상품과 이런 코디 방법이

비주얼 머천다이징의 핵심

● 무엇을 보여줄 것인가?

● 어떻게 보여줄 것인가?

● 어디에서 보여줄 것인가?

상품의 장점과 매력을 가시화하는 것이 비주얼 머천다이징 전략이다.

앞으로 유행할 패션이다'라는 메시지를 직접 상품을 통해 고객에게 보여주는 방법 등의 판매 전략이다.

: 비주얼 머천다이징의 3가지 포인트

아래 3가지 포인트를 잘 숙지하고 상품의 장점과 매력을 가장 효과적으로 나타낼 수 있는 매장을 구성한다.

❶ 무엇을 보여줄 것인가?

색상과 디자인, 소재, 용도 등 상품의 특징을 고려한다.

❷ 어떻게 보여줄 것인가?

상품을 보기 좋게 진열하거나 비슷한 품목끼리 묶는다. 아니면 주제를 정해 진열하는 등 고객의 마음을 사로잡을 수 있는 가장 효과적인 방법을 생각한다.

❸ 어디에서 보여줄 것인가?

매장 입구에는 신상품이나 고객의 관심을 끌 수 있는 화려하고 멋진 상품을, 매장 중앙에는 구매로 직접 연결되는 상품을, 매장 안쪽에는 편안한 분위기에서 천천히 고를 수 있는 높은 가격대의 상품을 진열한다.

판매를 결정짓는 상품의 가시화

: VP, IP, PP란 무엇인가?

: 비주얼 머천다이징의 3가지 포인트

앞서 설명한 비주얼 머천다이징을 중심으로 매장을 조성할 경우에 상품을 어떻게 구성할 것인지 주요 포인트에 대해 살펴보도록 하자.

❶ 비주얼 프레젠테이션 (VP, visual presentation)

윈도우나 메인 스테이지, 디스플레이 공간 등 고객의 눈길을 끄는 포인트이다. 이곳에는 매장의 판매 주력 상품을 진열한다. 예를 들어 시즌 트렌드 상품이나 추천 신상품, 이슈 상품 등을 진열한다.

상품을 어떻게 진열할 것인가

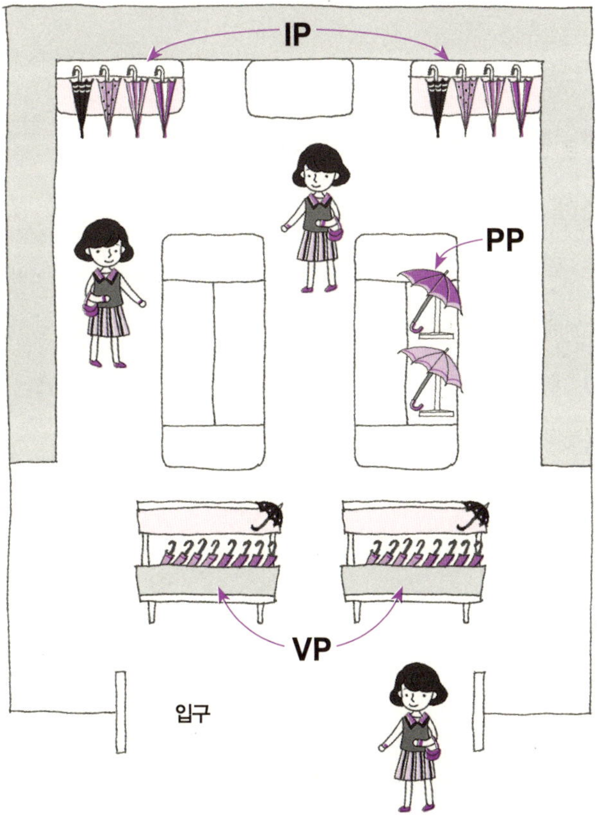

각각의 주요 포인트를 살려 상품의 매력과 장점을 최대한으로 부각시킨다.

❷ **아이템 프레젠테이션** (IP, item presentation)

고객이 상품을 직접 만지면서 비교해 구매를 결정짓는 포인트이다. 'I'에 해당하는 아이템은 단품을 뜻하며 진열 선반이나 행거, 테이블, 곤돌라 등에 진열한다. 색상과 무늬가 다른 상품을 다양하게 갖추고 상품이 잘 보이도록 한다.

❸ **포인트 오브 프레젠테이션** (PP, point of presentation)

IP에서 가장 대표적인 상품이나 특색 있는 상품을 선별해 진열하는 포인트이다. 예를 들어 잡화점에서 진열 선반의 가장 위쪽, 즉 눈에 띄는 곳에 상품을 진열하거나 마네킹에 디스플레이하는 등의 방법으로 고객의 시선을 사로잡는다. PP는 '갖고 싶다', '사고 싶다' 등의 구매 욕구를 자극해 구매로 연결시키는 가장 중요한 역할을 한다.

10

비주얼 머천다이징의 효과적 활용 방법

: 매장 앞과 내부, 진열대로 고객의 시선을 유도하라

: 매장 전체의 균형을 살핀다

매장을 구성할 때는 앞서 설명했던 VP, IP, PP를 중심으로 매장 전체의 균형을 고려해 레이아웃을 짜야 한다. 매장에는 입구와 매장 앞, 내부 그리고 좌측과 우측, 중앙 등 다양한 공간이 존재한다. 이들 공간을 잘 활용해 비주얼 머천다이징의 VP, IP, PP를 매장에 적극적으로 반영한다.

: 신제품을 어떻게 판매할 것인가?

예를 들어 장마철 전에 입고된 도트 무늬의 신제품 우산을 판매한다고 하자. '장마철 우산 페어'를 주제로 우산을 포함해 각종

•VP

•IP

•PP

비주얼 머천다이징의 3가지 포인트로 '관심 ⋯▶ 비교 ⋯▶ 구매'의 선순환을 만든다.

장마철 제품을 준비한다.

비주얼 프레젠테이션은 고객의 눈길을 끌기 위한 포인트이므로 눈에 띄는 매장 앞이나 입구, 매장 중앙 등을 중심으로 진열한다. '장마철의 눅눅함을 날려버리자!'와 같은 문구와 함께 신발 제습제를 디스플레이하고 그 옆에 우산을 진열하면 효과적이다.

그리고 아이템 프레젠테이션은 상품을 직접 만져보고 비교할 수 있는 포인트이므로 매장 안쪽이나 좌, 우측 선반을 중심으로 상품을 진열한다. 이때에 도트 문양의 크기나 색상이 다른 상품을 다양하게 준비해 보다 많은 상품을 고객에게 보여주는 것이 중요하다.

마지막으로 포인트 오브 프레젠테이션은 아이템 프레젠테이션에서 최신 유행 상품을 선별해 선반의 최상단에 진열하고 '저 상품 예쁘다! 갖고 싶다!' 등 고객의 구매 심리를 자극한다.

11

매장에 유행 트렌드를 반영하라

: 고객 대화, 길거리 패션을 통한 정보 수집

: 꼼꼼히 유행 아이템을 파악하고 매장에 반영한다

고객이 자주 찾고 활기 넘치는 매장이 되려면 항상 주변에 관심을 기울이고 최신 정보에 민감하게 반응해야 한다. 고객의 욕구는 매일 변화하고 진화하기 때문이다. 따라서 이들의 욕구를 충족시킬 수 있는 최신 유행 트렌드를 정확히 파악하고 매장에 반영해야 한다.

이를 위해서는 평소에 눈과 귀를 통해 접한 정보나 고객과의 대화, 길거리 패션, 최신 유행 아이템 등을 꼼꼼히 메모하고 어떻게 하면 매장에 반영할 수 있는지에 대해 생각해야 한다. 그리고 수집된 정보를 토대로 고객의 관심과 욕구를 충족시킬 수 있는 상품

최신 유행과 주변 정보에 민감하게 반응해 신선한 매장을 만든다.

을 찾아야 한다.

만일 가능하다면 메모한 정보를 곧바로 매장 레이아웃과 상품 구색에 반영하면 좋다. 다른 매장보다 발 빠르게 유행 상품을 제안할 수 있고 트렌드를 선도하는 매장이 될 수 있기 때문이다.

: 고객과의 대화에서 힌트를 얻어라

예를 들어 매장을 찾는 고객들 대부분이 '요즘 너무 더워서 밤에 잠을 설칠 정도에요'라는 푸념을 늘어 놓는다면 이를 놓치지 말고 매장에 적용해보자. 숙면을 도와주는 아로마 테라피 제품이나 눈가와 목을 시원하게 해주는 제품, 더위로 인한 피로감을 덜어주는 아이스 베개와 매트 등을 판매하는 것이다.

혹은 길거리에서 자주 리본을 목격하게 된다면 '이번 시즌의 유행 아이템이 되겠구나!'라고 미리 예측하고 리본 프린트의 귀여운 티셔츠나 인테리어 소품, 패션 잡화 등을 준비해 최신 트렌드에 대비하라.

12

항상 '고객수x객단가' 변화를 점검하라

: 고객이 많아도 매출이 떨어질 경우

: 매출 상황에 따라 점검할 요인들

매출은 고객수에 고객이 구입한 금액(객단가)을 곱한 결과이다. 매출을 올리기 위해서는 고객수와 객단가의 변화에 주목해야 한다. 하지만 매출과 고객수, 객단가가 항상 정비례하는 것은 아니다.

예를 들어 매장을 찾는 고객이 많은데도 매출이 하락하는 경우도 있고, 고객이 줄었는데도 매출이 오르는 경우도 있다. 따라서 다음의 5가지 상황에 따라 각기 다르게 대처할 필요가 있다.

❶ 고객도 많고 상품도 잘 팔리는 경우

매장이 고객들로 붐비고 활기가 넘친다. 가장 좋은 상태이므로

지금 당신의 매장 상황은?

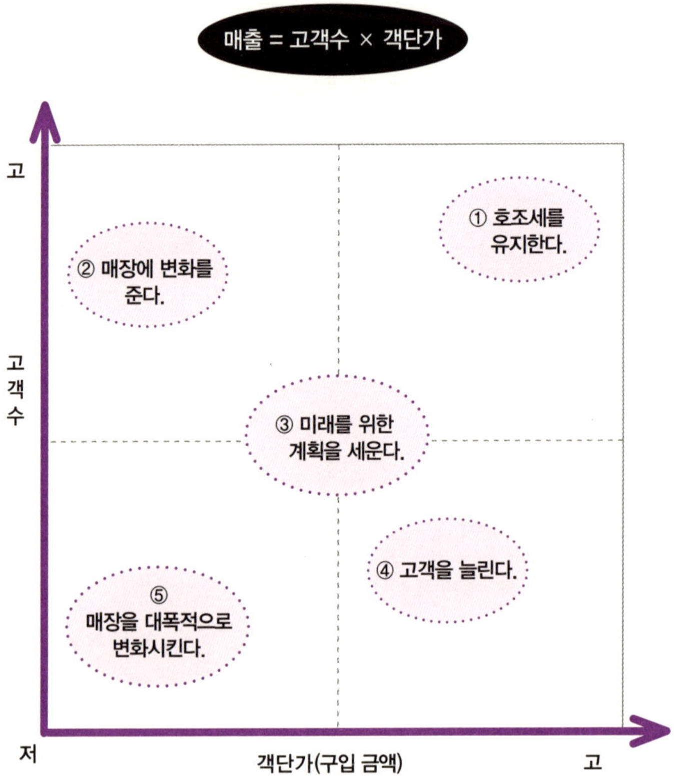

매출 = 고객수 × 객단가

항상 고객수와 객단가를 점검하고 다른 매장보다 앞서 대비책을 마련한다.

이 상태가 계속 유지될 수 있도록 최선을 다한다.

고객의 구매 욕구를 자극할 만한 상품이 없고, 고객도 매장에 대한 흥미를 잃은 상태이다. 진열 방법을 바꿔보거나 매장 레이아웃에 변화를 주어 활기를 되찾아야 한다. 그리고 상품 구색을 재점검한다.

매우 위험함 상태이다. 지금 당장은 문제가 없지만 미래에 대한 계획과 대비책을 세워두지 않으면 고객수와 매출 모두 순식간에 하락할 수 있다.

매장이 깨끗하고 상품 진열도 잘 되어 있는 상태이다. 비교적 단가가 높은 상품이 판매되어 매출이 오르는 것이다. 향후 고객수를 늘리는 방법을 모색해야 한다.

고객의 관심을 끌지 못하는 매장으로 활기가 없고 상품이 제대로 갖춰지지 않은 상태이다. 매장 레이아웃을 비롯해 상품 구색과 진열 방법 등 대폭적인 변화가 필요하다.

도난 사고를 막는 4가지 대책

: 매장 구석까지 꼼꼼히 살핀다

매장 레이아웃을 정할 때에 가장 중요한 것이 '도난'에 대한 대비책을 마련하는 일이다. 섣불리 고객을 의심하기보다 매장을 꼼꼼히 살펴 미연에 방지하는 편이 낫다. 그렇다면 도난을 막는 대책에는 어떤 방법이 있는지 살펴보자.

대책 1 매장과 상품을 항상 청결하게 유지한다

상품이 진열대 밖으로 튀어 나오거나, 난잡하게 진열된 상태는 매장 관리가 제대로 이뤄지지 않고 있다는 적신호이다. 상품을 깔끔하게 정리 정돈하고 매장 구석 구석을 깨끗이 청소한다. 청결하고 깨끗한 매장에서는 도난 사고가 일어나기 어렵다.

대책 2 고객과 대화한다

매장 직원이 고객을 밝은 미소로 맞이하고 응대하는 방법도 도난을 막는 데 효과적이다. 친절한 안내와 인사, 고객과의 원활한 커뮤니케이션은 매장에 대한 신뢰도를 높이고 고객과의 거리를 좁힐 수 있어 도난 사고를 막는 대비책이 된다.

대책 3 매장의 사각지대를 살핀다

눈에 띄지 않는 매장 안의 사각지대에 더 많은 주의를 기울인다. 즉 큰 기둥이나 진열 상품의 뒤쪽, 조명이 닿지 않는 어두운 곳 등을 꼼꼼히 살핀다.(본문 109쪽 참고)

대책 4 고객의 회유성을 향상시킨다

고객의 회유성이 높다는 것은 그만큼 움직임이 많다는 뜻이다. 그리고 판매 직원 또한 고객 서비스를 위해 더 많이 움직여야 한다. 따라서 고객의 움직임을 재빨리 파악할 수 있어 도난을 막는 데 효과적이다. 단 고객의 회유성을 높이기 위해서는 고객의 관심을 끌 만한 상품을 진열해야 하므로, 진열 방법과 상품 구색에 더 많은 신경을 쓰도록 노력해야 한다.

2장

고객의 발길을 붙잡는 매장 레이아웃

고객에게 '뭔가 달라진 것 같은데', '쇼핑하기 편하다' 등의
좋은 인상을 심어주려면 매장에 신선한 변화가 필요하다.
이번 장에서는 그런 변화를 기능케 하는 매장 레이아웃에 대해 살펴보자.

13

쇼핑하기 편한 매장을 만드는 레이아웃 형태

: 매장의 면적과 특성을 고려한 3가지 기본형

: 바둑판형(사각형) 레이아웃

매장은 목적에 따라 여러 형태의 레이아웃으로 구성할 수 있다. 그중에서 가장 기본적인 형태는 바둑판형 레이아웃이다. 매장 가운데에 통로를 확보할 수 있고 사각형의 코너가 형성되어 고객이 천천히 둘러보며 쇼핑을 즐길 수 있다.

옆의 그림처럼 가로와 세로의 끝 부분을 디스플레이 포인트로 설정하면 매장을 더욱 효과적으로 꾸밀 수 있다. 매장을 구성할 때에 가장 일반적으로 널리 사용되는 기본 레이아웃이다.

- 바둑판형 레이아웃

- 거북이형 레이아웃

- 원형 레이아웃

매장 면적과 상품에 적합한 레이아웃을 선택한다.

: 거북이형(육각형) 레이아웃

거북이등을 연상시키는 육각형의 레이아웃이다. 6개의 각이 90도에 못 미치고 직선 길이가 짧아 고객은 둥근 원을 그리며 매장 안을 둘러보게 된다. 또한 육각형의 꼭지각에 해당하는 곳이 코너가 되어 디스플레이 혹은 상품을 연출하는 공간으로 활용할 수 있다.

하지만 직선 길이가 짧은 상태로 너무 많은 상품을 배치하게 되면 자칫 복잡한 인상을 줄 수 있으므로 주의한다. 주로 백화점이나 대형 전문점 등 매장 면적이 넓은 곳에 사용된다.

: 원형(곡선형) 레이아웃

원형이나 곡선의 레이아웃도 있다. 둥그스름하여 고객이 자연스럽게 회전하면서 쇼핑을 즐길 수 있다. 단 공간 활용도가 다른 레이아웃에 비해 다소 떨어지므로 사각지대가 발생하기 쉽다. 하지만 다른 레이아웃과 차별화된 개성적인 상품 진열이 가능하다. 고급스런 이미지의 세련된 전문점에 주로 사용된다.

14

고객 구매 행동의 패턴을 파악하라

: 내점 → 관찰 → 관심 상품 → 비교 → 구매

: 고객의 구매 행동을 이해한다

고객은 매장에 들어와 상품을 구매할 때까지 일련의 흐름에 따라 움직인다. 즉 '매장에 들어온다 → 매장 안을 관찰하고 둘러본다 → 관심 상품에 주목한다 → 상품을 만져보고 비교한다 → 상품을 확인하고 구매한다'가 그 순서이다.

: 구매 행동에 따른 매장 구성

즐겁고 편안한 쇼핑은 아래와 같이 일련의 흐름이 원활하게 이루어지는 매장에서 가능하다. 따라서 흐름에 맞춰 매장을 구성하자.

편안한 쇼핑은 내점에서 구매까지의 움직임이 원활한 매장에서 가능하다.

❶ 고객이 매장으로 들어온다

입구가 넓어야 고객이 매장 안으로 들어오기 쉽다. 매장 입구 쪽에 너무 많은 상품을 진열하면 지저분하고 복잡한 인상을 줄 수 있으므로 깨끗하게 정리 정돈해야 한다.

반대로 상품이 너무 없어도 고객이 매장 안으로 접근하기 어렵다. 따라서 항상 적당한 양의 상품을 POP 광고와 함께 보기 좋게 배치하도록 한다.

❷ 매장 안을 관찰하고 둘러본다

집기가 통로 밖으로 나와 있거나 지저분하게 놓여 있는 등 매장 안이 청결하지 못하면 고객에게 불쾌감을 줄 수 있다. 또한 플로어 간 높이가 많이 차이 나거나 계단이 많아도 쇼핑에 방해가 될 수 있으므로 주의한다.

❸ 관심 상품에 주목한다

상품 진열과 디스플레이에 포인트를 설정하고 상품 정면이 고객을 향하도록 항상 점검한다. 그리고 POP 광고를 덧붙여 고객의 관심을 끈다.

❹ 상품을 직접 만져보거나 비교한다

누구나 마음에 드는 상품 혹은 관심 상품이 눈앞에 있으면 손으로 만져보거나 다른 상품과 비교하게 된다. 고객이 상품을 쉽게 집을 수 있도록 하고 관련 상품을 주변에 진열해 서로 비교할 수 있도록 레이아웃을 짠다.

⑤ 상품을 확인한 후에 구매한다

고객이 상품을 바로 구매할 수 있도록 매장 안에서 가장 잘 보이는 곳에 계산대를 배치한다.

15

매장 구성의 첫 번째 조건

: 들어가기 편한 분위기

: 물리적, 심리적으로 자유로움을 느끼도록 연출한다

매장은 고객이 밖에서 봤을 때에 들어가고 싶은 마음이 생겨야 한다. 이것이 매장을 구성하는 첫 번째 조건이다. 만일 고객이 매장으로 들어가길 꺼린다면 그 이유는 두 가지다. 바로 입구 근처에 놓인 상품이 방해가 되는 '물리적인 이유'와 매장 안이 너무 한산해서 들어가기 부담스러운 '심리적인 이유'다.

예를 들어 매장 입구에 세일 상품의 진열대를 배치한 경우에 물리적으로 쇼핑 공간이 협소해질 뿐만 아니라 고객이 세일 코너로 몰려 매장 입구가 복잡해진다. 이 때문에 굳이 세일 상품에 관심이 없는 고객들마저 매장 안으로 들어가기 어려워진다.

되도록 매장 입구는 넓고 밝게 꾸민다. 판매 상품을 살짝 엿보여 고객을 매장 안으로 유도한다.

또한 세일 상품을 고르려는 사람들로 북적대는 입구와 달리 매장 안이 너무 한산하면 심리적인 부담감에 매장 안으로 들어가기를 꺼려한다. 따라서 이런 경우에는 세일 상품의 진열대를 입구에서 조금 떨어진 곳에 배치하는 것이 좋다.

한편 매장 입구가 벽과 계단 때문에 비좁고 어둡다면 시급하게 개선해야 한다. 고객을 맞이하는 매장 입구는 되도록 밝고 환하게 꾸며야 한다. 역동적인 디스플레이로 고객의 마음을 사로잡아야 고객이 매장 안으로 쉽게 들어올 수 있다.

: 매장 안이 다 보여서는 안 된다

매장 앞이나 입구에 서서 보일 정도의 거리에 유행 상품이나 POP 광고를 배치하고, 고객의 눈길을 끌 만한 디스플레이를 배치한다. 고객이 매장 앞에 섰을 때 매장 안이 보이는 것은 매우 중요하다. 매장 안이 하나도 보이지 않으면 어떤 매장인지 알 수 없기 때문에 '들어가볼까?' 하는 호기심이 생기지 않는다.

그렇다고 매장 밖에서 안이 훤히 다 보여서도 안 된다. 매장 밖에서 다 보이면 매장 안으로 들어오려 하지 않기 때문이다. 따라서 고객을 매장 안으로 유도할 만큼 적당하게 보이도록 매장 레이아웃을 구성한다.

16

고객이 편하게 둘러볼 수 있는 통로 만들기
: 직선통로와 곡선통로의 활용

: 통로에 따라 고객의 움직임이 결정된다

　매장 안의 통로는 고객에게 '이곳을 따라 이동하면 된다'라는 메시지를 전한다. 또한 통로가 직선인지 아니면 곡선인지에 따라 집기와 상품의 레이아웃이 달라지고 고객의 움직임 또한 달라진다.

: 직선통로와 곡선통로의 특징

　직선통로는 바둑판형 레이아웃의 매장에서 가능하다. 사람 한 명이 지나다닐 수 있는 통로의 폭이 약 45~50센티미터 이상이므로 두 명이 교차할 수 있도록 충분한 공간을 확보하고, 짐을 든 고객과 몸을 숙인 채 상품을 살펴보는 고객을 고려해 통로의 폭을

직선통로와 곡선통로에서의 고객 움직임

● 직선통로

● 곡선통로

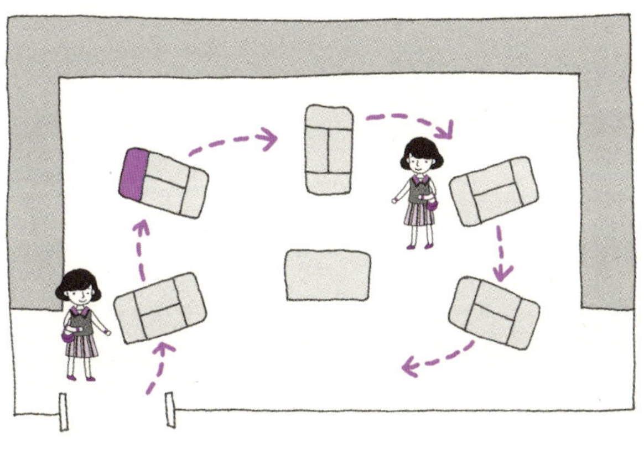

코너는 디스플레이의 주요 포인트가 된다. 그곳에 고객이 머물게 한다.

결정한다,

직선통로는 반드시 일직선이 되어야 한다. 또한 집기와 진열된 상품이 통로 쪽으로 튀어나오면 지저분해 보일 수 있으므로 주의한다. 직선통로의 코너는 고객의 눈에 띄는 공간이므로 디스플레이 포인트로 활용하면 효과적이다.

곡선통로는 고객이 원 또는 완만한 곡선을 그리며 자연스럽게 이동할 수 있고 매장 전체에 부드러운 느낌을 준다. 편안하고 차분한 분위기 속에서 상품을 둘러보는 전문점이나 고급 매장에 적합하다. 통로의 폭을 여유롭게 확보하고 디스플레이 연출 포인트를 적절히 활용하면 더욱 높은 효과를 얻을 수 있다.

17

비좁은 매장은 '보물찾기'를 활용하기

: 미로통로의 효과적 이용

: 비좁은 매장에서는 미로통로를 이용한다

앞서 직선통로와 곡선통로의 특징에 대해 살펴봤는데 매장의 규모가 15평 이하의 작은 매장에는 면적 여건상 직선통로와 곡선통로를 구성하기 어렵다. 이런 경우라면 보물찾기를 연상시키는 '미로통로'를 적극적으로 활용해보자.

예를 들어 소규모의 패션 매장은 통로의 명확한 구분 없이 행거와 행거 사이를 지나는 미로 형태의 레이아웃을 적용하면 효과적이다. 구성 방법은 다음과 같다.

1. 비슷한 상품을 묶어 하나의 섹션을 만들고 해당 상품의 정면이 잘 보이도록 진열한다.

비슷한 상품을 하나의 섹션으로 묶어 진열하면 미로통로를 손쉽게 구성할
수 있다.

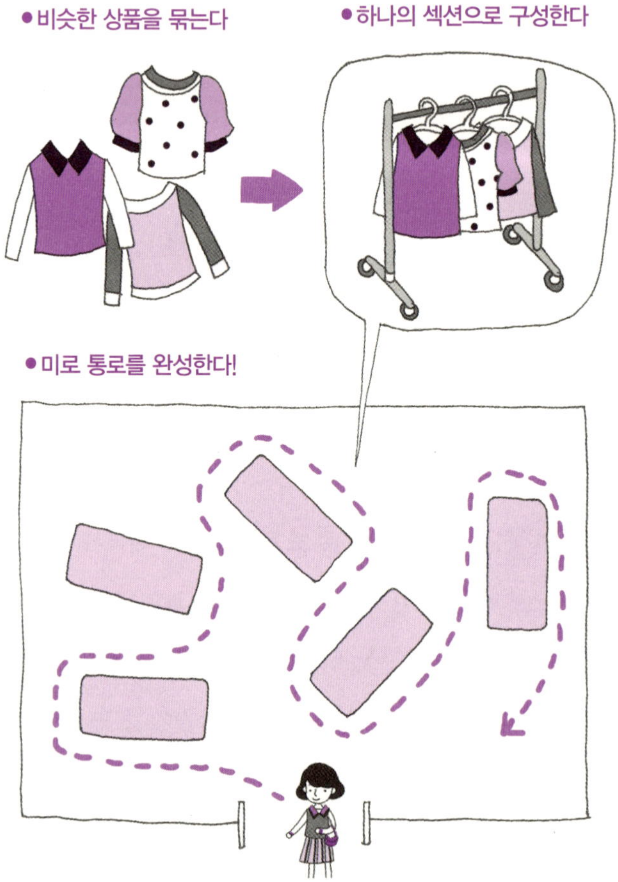

2. 각각의 섹션을 매장 이곳저곳에 배치함으로써 미로통로를 구성한다.

미로통로는 비좁은 공간에 상품을 효과적으로 진열할 수 있는 좋은 방법이다. 직선 혹은 곡선통로와는 다르게 고객이 자신이 원하는 대로 자유롭게 동선을 구사할 수 있다는 장점도 있다.

: 보물을 찾는 설렘과 두근거림

공간이 제한된 매장은 천장 높은 곳까지 상품을 진열하거나, 미로통로를 활용하여 고객에게 숨겨진 보물을 찾는 듯한 즐거움을 줄 수 있다. 이 경우에 POP 광고나 전단지로 매장에 활기를 더하면 더욱 효과적이다. 또한 상품별로 섹션을 나눠 진열하고 고객의 움직임을 자연스럽게 유도하는 통로를 구성하는 것도 좋은 방법이다.

18

고객의 시선과 시야를 활용하기

: 디스플레이가 고객의 시선을 끄는가?

: 고객의 시선과 시야

고객은 매장에서 좀 떨어진 곳에 서서 '매장 전체의 이미지'를 살피고 다른 손님이 많은지, 활기가 넘치는지, 세일 기간인지 등을 확인한다. 그리고 가까이 다가와 무엇을 파는지 즉 조미료 코너인지, 제빵 코너인지를 살핀다. 그리고 좀더 가까이 다가가 '아이템' 즉 진열된 제품과 가격을 꼼꼼히 살핀다.

이처럼 고객이 볼 수 있는 범위를 '시야'라고 하는데 매장은 이 시야와 시선을 고려해 고객을 원하는 방향으로 유도한다. 예를 들어 고객의 시야 범위 안에 포함되도록 디스플레이 포인트를 통로에 배치하면 고객은 자연스럽게 그 방향으로 움직인다.

고객의 시선이 향하는 곳

● 시야와 시선

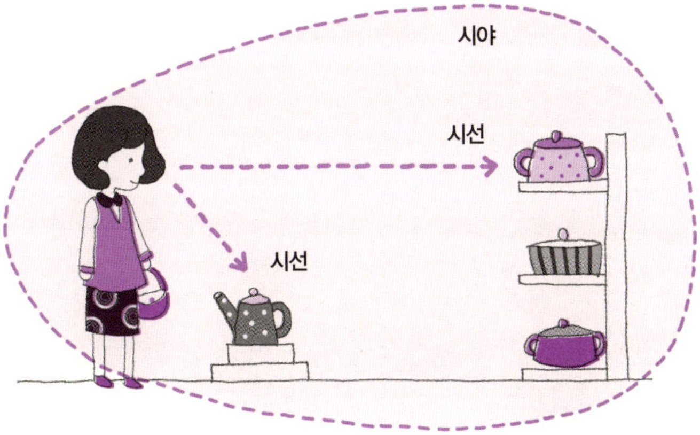

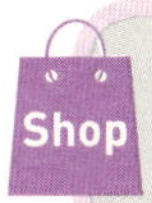

● 고객의 시선보다 낮은 선반의 경우

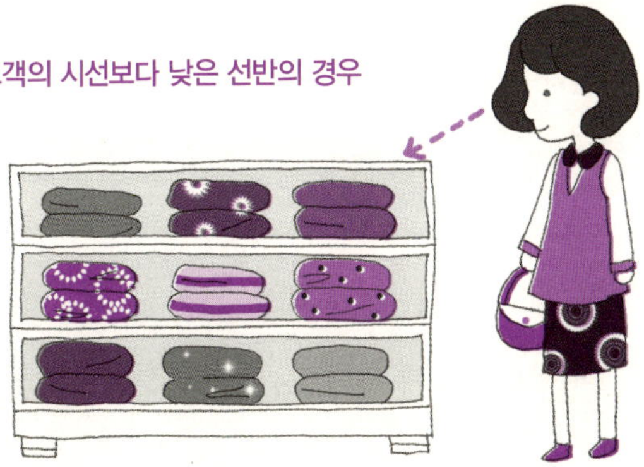

Shop 고객의 시선과 시야에 맞춰 상품 위치를 정하고 보기 좋게 진열한다.

또한 디스플레이를 잘 활용하면 고객의 회유성을 향상시킬 수 있다.

: 3단 선반을 볼 때 시선은 어떻게 움직이나

고객이 진열 선반으로 가까이 다가가 상품을 자세히 살필 경우를 떠올려보자.

예를 들어 고객의 시선보다 낮은 3단 유리 선반이라면 고객의 시선은 '상단에 놓인 상품 → 가운데에 놓인 상품 → 하단에 놓인 상품' 순으로 이동한다.

만일 유리 선반 위에 상자가 놓여 있다면 시선은 '가운데에 놓인 상품 → 하단에 놓인 상품 → 상단에 놓인 상품' 순으로 이동한다.

일반적으로 상하가 3칸으로 나뉜 선반의 경우는 '정면 → 하단 → 상단' 그리고 '가운데 → 좌측 → 우측' 순으로 시선이 움직인다.

이처럼 상품은 고객의 시선이 어디로 가장 먼저 향하는지를 파악하고 그에 맞춰 진열해야 효과적으로 매출을 향상시킬 수 있다.

19

디스플레이 옆에 상품을 진열하기

: 주목 → 구매의 자연스런 흐름을 만든다

: 레이아웃으로 고객을 유도한다

매장 레이아웃을 바꾸거나 새롭게 구성하는 데는 '매장에 변화를 주고 싶다', '고객의 원활한 움직임을 위해 통로 위치를 바꾸고 싶다', '신상품과 계절 상품을 더 많이 진열하고 싶다' 등 다양한 이유와 목적이 있다. 하지만 이들의 공통점은 결국 고객의 구매를 유도하는 데 있다.

따라서 고객이 상품에 관심을 갖도록 유도하고, 구매하도록 하는 일련의 흐름을 고객의 구매 행동 안에 어떻게 접목시키는가가 중요하다.

디스플레이로 고객의 눈길을 끌었다면 바로 구매할 수 있도록 그 옆에 상품을 진열한다.

: 주목에서 구매로 이어지는 자연스런 흐름

예를 들어 가구 매장에 가면 입구나 코너에 다양한 디자인의 의자와 소파, 침대 혹은 작은 모형 등이 놓여 있다. 이 같은 디스플레이 공간은 고객에게 매장 제품을 자세히 보여주는 공간으로 고객의 시선을 사로잡는 포인트가 된다. 따라서 매장 어디에 디스플레이 공간을 배치하는가에 따라 고객의 움직임이 달라지고, 매장의 매력이 한층 더 살아난다.

고객이 디스플레이 공간 즉 '전시된 공간'에서 본 상품이 마음에 들어 사고 싶은 욕구가 생기면 바로 구매할 수 있도록 가까운 곳에 '구매하는 공간'을 배치해야 한다. 이곳은 고객이 상품을 쉽게 찾을 수 있도록 비슷한 상품은 같은 섹션으로 묶고, 다른 상품과 비교할 수 있도록 가지런히 진열한다.

이처럼 고객이 디스플레이 공간에 멈춰 서서 상품을 둘러본 후에 구매 공간으로 자연스럽게 이동해 상품을 구입하도록 유도하는 구성이 바로 매출을 올리는 효과적인 레이아웃이다.

20

다양한 전개로 고객 동선을 늘린다

: 신선한 생선과 회, 초밥 등등

: 고객 동선을 가능한 길게 유도하기

고객이 매장 이곳저곳을 이동하며 그리는 선을 '고객 동선'이라고 한다. 매장을 구성할 때에는 이 동선을 조금이라도 더 길게 만드는 것이 중요하다. 고객 동선이 길어지면 더 많은 상품을 둘러보고 직접 만져보는 기회가 늘어나 그만큼 고객의 구매 욕구가 자극되기 때문이다.

따라서 매장을 구성할 때는 고객 동선을 조금이라도 길게 유도할 수 있는 레이아웃을 짜야 한다.

고객은 상품의 변화를 따라 코너에서 코너로 이동하면서 보다 긴 동선을 그린다.

: 상품 진열에 스토리를 적용한다

고객 동선을 길게 하려면 고객이 질리지 않고 상품을 즐겁게 쇼핑할 수 있도록 해야 한다. 그러기 위해서는 상품 진열에 '스토리'를 적용하면 좋다. 즉 서로 연관된 상품을 진열해 상품의 다양한 변화를 고객에게 보여주는 방법이다.

예를 들어 슈퍼마켓의 수산 코너를 떠올려 보자. 신선한 생선 코너 옆에 회, 해물탕, 초밥 등을 진열하고 유부초밥과 일식 마끼, 회덮밥, 도시락 등을 판매한다.

이처럼 생선과 관련된 다양한 상품을 진열함으로써 고객에게 상품의 다양성을 알리고, 고객은 자기도 모르는 사이에 코너에서 코너로 이동해 고객 동선이 자연스럽게 길어진다.

21

고객의 오감을 자극하는 판매 전략

: 상품을 몸으로 느끼게 만들기

: 매장은 항상 즐거워야 한다

매장은 '그곳에 가면 뭔가 새로운 것이 있을 것 같아', '흥미로운 물건이 있네' 등 고객에게 즐거움을 주고 호기심을 자극해야 한다. 평범하고 시시한 매장에 들어가고 싶은 고객은 이 세상 어디에도 없다.

매장에서 느껴지는 즐거움은 사람에서 사람으로 옮겨지는 '행복 바이러스'다. 따라서 매장에서 일하는 직원이 '우리 매장은 참 즐겁고 좋은 곳이에요!'라고 자신 있게 말할 수 있는 매력적인 매장이 되어야 한다.

맛있다, 눈이 즐겁다, 보드랍다 등 고객의 오감을 효과적으로 자극한다.

: 오감을 자극하는 표현 방법

항상 즐겁고 활기 넘치는 매장을 위해 '오감(시각, 청각, 촉각, 후각, 미각)'을 자극하는 표현을 적극적으로 활용하면 효과적이다. 예를 들면 다음과 같다.

❶ 시각

바나나 판매 코너에서 바나나를 그냥 쌓아 놓고 판매할 것이 아니라, 천장에 매달거나 매장 입구에서 바나나 셔츠를 입은 직원이 고객들에게 장바구니를 나눠주며 구매 욕구를 자극한다.

❷ 청각

인테리어 잡화점이라면 여름 시즌에 맞춰 시원한 소리가 나는 장식을 걸어두거나 바캉스 기분이 드는 음악을 튼다.

❸ 촉각

침구 매장의 경우에 보드라운 오리털 이불이나 담요를 직접 만져보게 하거나 침대에 누워볼 수 있도록 한다.

❹ 후각

슈퍼마켓 정육 코너에서 '오늘의 저녁반찬'을 주제로 시식용 고기를 직접 구워 후각을 자극한다.

⑤ 미각

정육 코너 옆에 시식 코너를 마련해 구매 욕구를 자극한다.

특히 오리털 이불과 같은 고가의 제품은 직접 만져보고 덮어 보게 해야 구매로 이어질 가능성이 높다. 위의 5가지 예처럼 고객의 오감을 자극하는 표현 방법을 적극적으로 활용해보자.

22

'사는 김에 사자' 하는 심리를 자극한다

: 필요할지 모른다는 생각이 들게 한다

: '필요할지도 모른다'는 구매 심리를 이용하기

'사는 김에 같이 사야겠다', '필요할지 모르니 사두자' 등의 구매 욕구를 자극하는 매장 구성이 있다. '사는 김에 사자'는 부담스럽지 않은 가격대의 상품을 가벼운 마음으로 구입하는 심리이므로 고가의 브랜드 매장에는 적합하지 않다.

하지만 저가 상품이라도 고객이 많이 구매하면 결과적으로 매출 향상에 큰 힘이 된다. 따라서 매장을 구성할 때는 '사는 김에 사자'라는 구매 심리를 자극하고 이를 적극적으로 활용한다.

사는 김에 사자는 심리를 자극하려면?

필요할지도 모를 관련 상품을 판매 주력 상품과 함께 진열해 매출 상승으로 이어나간다.

사는 김에 사자는 구매 심리를 자극하려면 주요 판매 상품 옆에 관련 상품을 함께 진열한다. 예를 들어 여름철 매장에서 '불꽃놀이'가 주력 상품이라면, 그 주변에 살충제나 모기향, 풍경 등을 함께 진열한다.

또한 정육 코너의 주요 판매 상품이 돼지고기라면 고추장 양념소스나 고기와 함께 먹을 채소, 돼지고기 요리책 등을 진열한다. 그리고 식후에 즐길 시원한 디저트와 케이크, 과일 등도 함께 진열하면 '사는 김에 사자'는 구매 심리를 보다 강력하게 자극할 수 있다.

이때 중요한 점은 관련 상품을 함께 진열함으로써 깜박할 수 있는 구매 품목을 고객에게 상기시키고 '필요할지도 모른다'는 구매 심리를 효과적으로 자극하는 것이다.

23

고객을 매장 안쪽까지 유도하기

: 고객 동선과 매장에 머무는 시간

: 직사각형 매장은 더 많은 노력을 기울이자

매장을 방문한 고객이 반드시 매장 안쪽까지 둘러보고 살펴볼 수 있도록 매장을 구성해야 한다. 그렇게 해야 고객이 매장에서 움직이는 동선과 머무는 시간이 길어지고 그만큼 상품을 둘러보는 기회가 늘어난다. 그 결과 자연스레 매출도 상승하게 된다. 특히 매장 형태가 직사각형 즉 안쪽으로 깊숙이 들어간 매장이라면 더 효과적인 방법을 모색해야 한다.

: 고객을 유도하는 3가지 방법

고객을 매장 안쪽까지 유도하기 위한 방법은 다음과 같다.

 밝은 조명과 흥미로운 디스플레이로 고객을 매장 안쪽으로 유도한다.

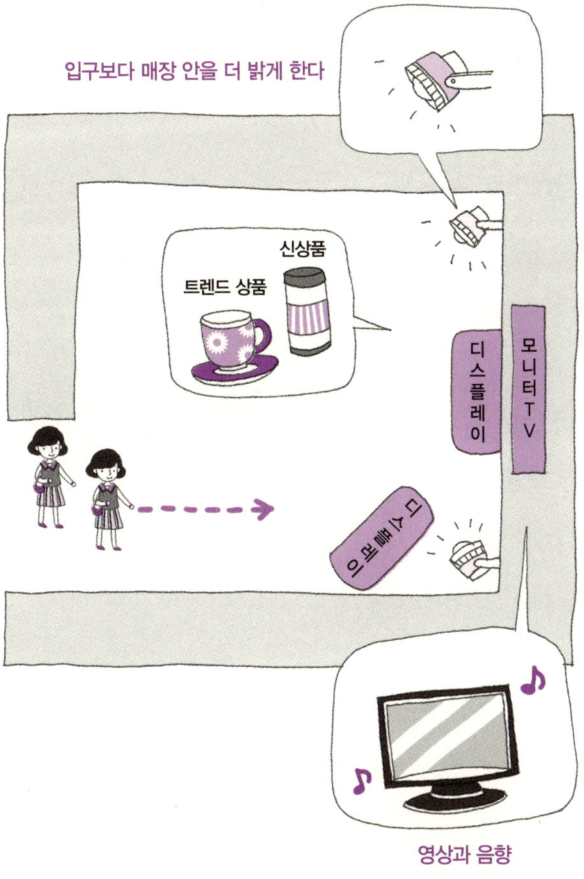

❶ 조명으로 유도한다

인간은 어두운 곳보다 밝은 곳에 끌리는 습성이 있다. 따라서 매장 입구보다 안쪽을 좀 더 밝은 조명으로 비춘다. 특히 천장과 벽이 맞닿는 부분을 주변보다 밝게 하면 고객은 매장 전체가 밝다고 느끼게 되고, 이로 인해 고객의 회유성이 향상된다.

❷ 디스플레이로 유도한다

트렌드 상품이나 신상품, 계절 상품 등 고객의 호기심을 자극하는 상품으로 매장 안쪽을 채운다.

❸ 영상과 음향으로 유도한다

대형 TV 모니터를 매장 안쪽에 설치하고 판매 상품이나 이미지와 연관된 동영상을 틀어 놓는다. 그리고 듣기 좋은 음악을 통해 고객의 흥미와 호기심을 유발한다.

24

매장의 사각지대를 부각시키기

: 조명을 활용한 방법

: 코너와 집기 사이를 비춘다

모든 매장에는 사각지대가 존재한다. 사각이란 '데스 스페이스 (Death space)'로 죽은 장소, 즉 고객의 눈에 띄지 않는 구석진 곳을 뜻한다. 예를 들어 어두운 코너, 집기와 집기 사이의 공간, 대형 집기로 가려진 공간, 칸막이 벽의 뒤편, 조명이 닿지 않는 어두운 공간 등이다.

이런 공간은 매장을 구성할 때에 반드시 생기기 마련인데, 효율적으로 잘 활용하면 제한된 매장의 전체 면적을 유용하게 사용할 수 있다. 즉 사각지대를 없애려는 노력이 매장에 더 큰 활력을 가져다줄 수도 있다.

사각지대를 재탄생시키는 4가지 포인트

● 사각지대란?

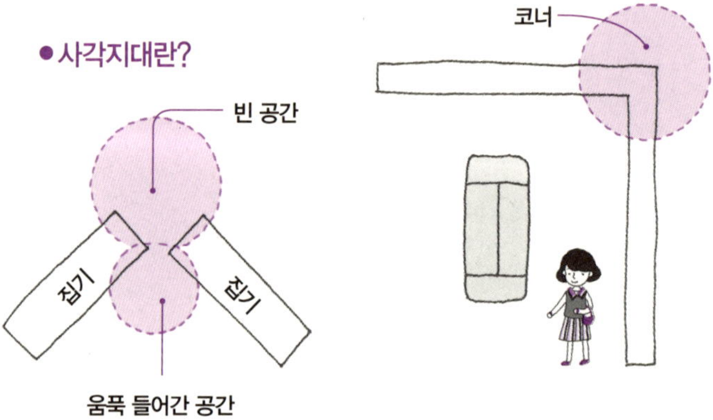
빈 공간
집기
집기
움푹 들어간 공간
코너

① 고객의 눈길을 끄는 포인트 공간으로 만든다.
② 조명을 비춰 분위기를 바꾼다.
③ 상설 전시물로 이미지를 바꾼다.
④ 수납 공간으로 활용한다.

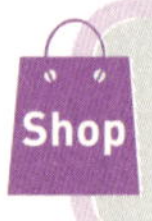

Shop 사각지대를 활용해 매장 전체의 공간을 효율적으로 사용한다.

: 조명 하나만으로 분위기를 바꾼다

사각지대는 '어둡다', '잘 보이지 않는다', '눈에 띄지 않는다' 등의 단점이 있다. 하지만 이를 역으로 이용해 조명을 비추고 눈에 띄는 공간으로 새롭게 재탄생시킬 수 있다.

예를 들어 고객의 눈길을 사로잡는 포인트 공간으로 설정해 트렌드 상품이나 밝고 화려한 상품, 큼지막한 장식으로 돋보이게 한다. 또한 이곳에 상설 전시물을 설치하면 매장의 이미지 변화에 큰 도움이 된다.

또한 은은한 조명이 아닌 밝고 화려한 조명을 비추는 방법도 효과적이다. 장식품 없이 화려한 조명만 비춰도 사각지대는 새로운 공간으로 변할 수 있고 매장 분위기도 밝게 만들 수 있다.

뿐만 아니라 사각지대를 수납 공간으로 활용하는 방법도 있다. 매출 상승으로 이어지지는 않지만 매장에 없으면 불편한 물건이나 가까이 진열된 상품의 보조 상품을 두는 용도로 활용하면 상당히 편리하다.

25

레이아웃 변경 시 고려해야 할 포인트

: 5단계에 따라 효율적으로 실행한다

: 매장 직원끼리 서로 확인하며 진행한다

지금까지는 고객의 구매 행동을 중심으로 매장을 구성하는 방법에 대해 살펴봤다. 레이아웃은 매장을 구성하기 이전에 세운 계획에 따라 그 결과가 나타난다. 계획성 없이 혹은 상황에 따라 변경한다면 고객 동선이 꼬여 회유성이 떨어지거나, 모든 상품을 선반에 진열하지 못하는 등 여러 가지 문제가 발생할 수 있다.

레이아웃의 변경 순서와 포인트는 다음과 같다.

❶ 레이아웃의 목적과 예상 결과를 파악한다

고객 동선에 변화를 주기 위해서인지, 새로운 상품의 코너를 만

효율적인 레이아웃 변경의 5단계

1	목적과 예상 결과를 확인한다	신상품 코너를 만들기 위해? 고객 동선을 늘리기 위해?
2	진열할 상품을 확인한다	상품의 종류와 수량, 특히 판매 전략의 특징 등
3	매장의 상태를 확인한다	매장이 정사각형인가 아니면 직사각형인가? 조명과 콘센트의 위치 등
4	사용할 집기와 기구를 확인한다	집기의 형태나 사이즈, 소재, 수량 등
5	고객 동선과 흐름을 확인한다	고객을 매장 안으로 어떻게 유도할 것인가? 매장의 정면과 좌측, 우측의 흐름은 어떠한가?

레이아웃 작업이 마무리되었다면 끝으로 반드시 주변을 말끔히 청소한다.

들 계획인지 목적을 정확히 세운다.

상품의 수량과 특성, 가격대, 분류, 타깃 고객 등.

매장의 형태와 기둥의 위치, 조명, 콘센트의 위치 등을 기록한 평면도(본문 115쪽 참고)를 그린다. 실제 사이즈도 잰다.

사용할 집기의 종류와 사이즈, 수량 등을 확인한다.

고객이 매장 정면에서 들어오는지, 좌측에서 들어오는지, 우측에서 들어오는지 등 고객의 움직임과 흐름에 따라 매장 레이아웃이 달라지므로 고객 동선을 정확하게 파악한다.

실제로 매장 레이아웃을 변경할 때는 어떤 부분부터 시작할 것인지 순서를 정하고 매장 직원끼리 서로의 의견을 확인하고 협력해야 효율성이 높아진다. 또한 레이아웃 작업의 전후에는 반드시 매장을 청소하고, 조명 밝기를 매장 분위기에 맞게 조절한다. 상품의 위치 변경으로 조명이 전혀 다른 곳을 비출 수도 있으므로 꼼꼼히 점검한다.

26

평면도에 따라 레이아웃을 계획하라

: 방안지에 레이아웃을 그린다

: 자료도 되고 기록도 되는 일석이조

레이아웃을 변경할 때는 평면도가 큰 도움이 된다. 평면도를 활용하면 매장의 어디에 무엇이 있는지를 한눈에 파악할 수 있다. 그래서 매장 어디에 어떤 집기와 상품을 배치하면 좋은지, 어떻게 배치해야 공간을 효율적으로 활용할 수 있는지 알 수 있다. 실제 작업에 들어가기 이전 단계에 평면도를 활용한다.

평면도는 매장 관련 자료도 되고 기록으로도 남기 때문에 어떤 레이아웃이 효율적이었는지 매출 측면에서도 꼼꼼히 따져볼 수 있다. 또한 고객 동선과 흐름을 원활하게 만들고 주요 판매 상품의 위치도 꼼꼼히 살필 수 있어 레이아웃 계획의 효과를 높일 수 있다.

매장 면적을 알아두면 경쟁 매장과 비교하기 쉽다.

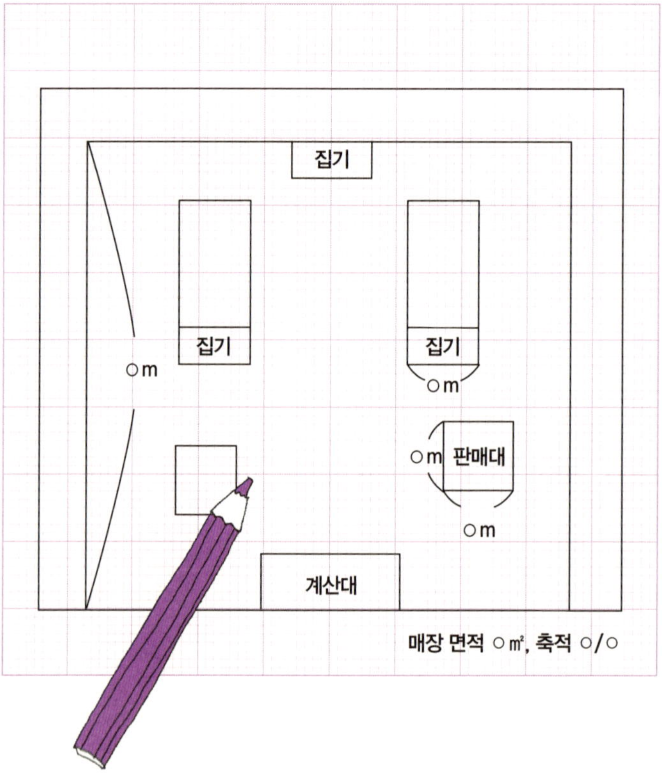

: 실제 사이즈를 재고 축적을 활용한다

매장 평면도는 시중에서 판매하는 방안지를 이용하면 쉽게 완성할 수 있다. 처음에는 매장의 벽면을 그려 틀을 잡고 집기와 기구의 위치를 그린 다음 마지막으로 세세한 부분을 순서에 따라 그려 넣는다.

매장 벽면의 가로와 세로 길이, 집기와 기구의 위치, 상세한 사이즈를 측정하고 1/10 또는 1/100, 1/50 등 계산하기 쉬운 축적을 활용한다. 그리고 평면도 한쪽 구석에 '축적=○/○'를 기입한다. 또한 평면도를 완성했다면 반드시 매장 총면적도 산출해두는 것이 좋다. 매장 크기를 알면 경쟁 매장과 매출을 비교하기 쉽기 때문이다. 이때에 매장 총면적의 단위는 제곱미터(㎡)로 한다. 제곱미터는 3.3으로 나누면 '평'이 된다. 이 수치도 좌측 아래에 축적과 나란히 적어둔다.

27

평면도 레이아웃의 4가지 포인트
: 작업 착수 전에 집기의 위치를 확인한다

: 고객의 흐름을 고려한다

평면도를 활용해 레이아웃을 계획할 때는 종이놀이처럼 따로 그린 집기를 오려서 사용한다. 오려 만든 집기를 평면도 위에 놓고 이리저리 움직이면서 적당한 위치를 검토한다. 위치가 정해지면 풀이나 스카치 테이프로 고정한다. 또한 평면도를 활용할 때는 아래의 항목에 주의하도록 한다.

❶ 고객이 들어왔을 때에 상품의 정면을 볼 수 있도록 한다

고객이 움직이는 방향을 고려해 상품을 정면에서 바라볼 수 있도록 레이아웃을 정한다.

매장 집기의 위치를 정하자

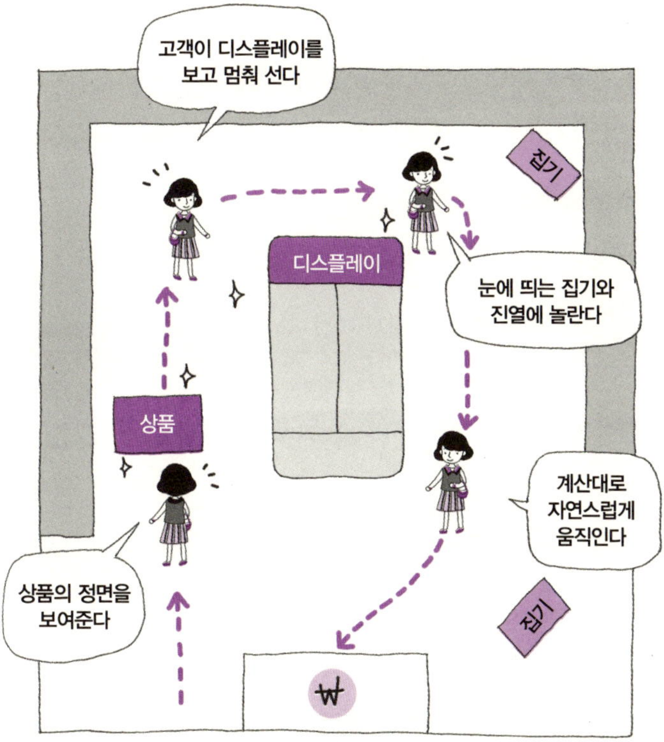

Shop 상품의 매력과 장점을 돋보이게 하고 고객의 발길을 사로잡을 수 있는 집기
의 위치를 생각한다.

❷ 고객이 움직이는 데 걸리는 부분이 없도록 한다

집기 레이아웃이 복잡하거나 코너 혹은 튀어나온 부분이 많으면 매장을 둘러보기 힘들다. 가능하다면 비교적 단순한 일직선의 레이아웃을 구상한다.

❸ 어떤 상품을 어떻게 진열할 것인지를 정한다

집기의 레이아웃을 정했다면 그 다음에는 고객의 흐름을 염두에 두고 '이곳에 이 상품을 진열하면 효과적이다' 혹은 '상품 간에 관련성이 있다' 등 매장 전체의 균형을 고려해 상품 레이아웃을 결정한다.

❹ 고객을 사로잡는 디스플레이 포인트를 설정한다

상품의 레이아웃을 정했다면 고객 동선을 고려해 '이곳에 멈춰 서서 상품을 살펴봤으면 좋겠다'는 장소를 디스플레이 포인트로 정한다.

이처럼 고객 동선을 고려해 꼼꼼히 계획하면 고객에게 쇼핑하기 편한 매장이라는 인상을 심어줄 수 있고, 이는 구매로 이어져 매출 상승에 효과적인 레이아웃을 짤 수 있다.

28

변화가 없는 지루한 매장에서 벗어나기

: 매너리즘은 고객 이탈의 원인

: 매장 직원의 무관심이 가장 큰 적

매일 깨끗이 청소하고 매장을 잘 관리하는 것 같아도 자기도 모르는 사이에 매너리즘에 빠지는 경우가 있다. 부족함을 의식하지 못한 채 점차 고객을 잃게 되는 것이다. 예를 들어 판매 상품이 통로 밖으로 비집고 나와 고객이 불편하다고 느끼는데 정작 매장 직원은 이를 의식하지 못하고 지나치는 경우가 있다. 이는 대부분 판매 직원의 무관심이 원인일 때가 많다.

매장에 대한 무관심은 매너리즘을 초래하는 가장 큰 원인이고 어느 매장에서든 흔히 일어날 수 있다. 따라서 항상 매너리즘을 경계하고 주의를 게을리해서는 안 된다.

매장 레이아웃과 상품에 새로운 활력을 불어넣어 진부한 매장에서 벗어나자.

: 레이아웃은 언제 변경하는 게 좋을까?

매장이 매너리즘에 빠진 상태란 구체적으로 어떤 상태일까?

1. 진열된 상품이 너무 많아 복잡하고, 부족한 수량을 채우지 않고 그대로 방치한 상태
2. 마땅히 둘 곳이 없으니 일단 이곳에 두자는 생각으로 상품을 진열한 경우
3. 매장 레이아웃을 변경한 지 9개월 이상 지난 상태
4. 상품 레이아웃을 변경한 지 6개월 이상 지난 상태
5. 디스플레이에 계절이 전혀 반영되지 않은 상태
6. 고객이 매장에 머무는 시간이 짧아진 경우
7. 고객이 정해진 통로만 따라 매장을 둘러보는 경우

매장 레이아웃이나 상품이 항상 그대로라면 머지 않아 객단가는 떨어지고 그 결과 매출도 하락할 것이다. 예를 들어 계절성이 없는 상품이라도 계절감이 느껴지게 연출하지 않으면 일 년 내내 같은 인상을 주게 되고 고객은 쉽게 질려버린다. 그러므로 항상 매장에 작은 변화라도 줄 수 있도록 레이아웃에 신경을 쓰자.

29

매너리즘을 극복하는 테크닉

: 진열과 레이아웃에 작은 변화를 준다

: 변했다는 느낌이 들도록

앞서 설명한 것과 같이 매너리즘에서 탈출하기 위한 가장 빠른 방법은 '매장에 활기 불어넣기'이다. 고객에게 익숙하거나 혹은 진부한 매장에서 벗어나 '뭔가 달라졌는데', '이곳에 오면 왠지 모르게 즐거워져', '다른 매장에 없는 신기한 제품이 많아' 등이 느껴지는 신선한 매장으로 변화해야 한다. 즉 지금까지와 다른 특별한 변화를 느낄 수 있도록 노력해야 한다.

: 매너리즘에서 탈출하는 4가지 포인트

매너리즘을 극복하고 활기를 되찾기 위한 4가지의 방법에 대해

매너리즘을 극복하는 4가지 방법

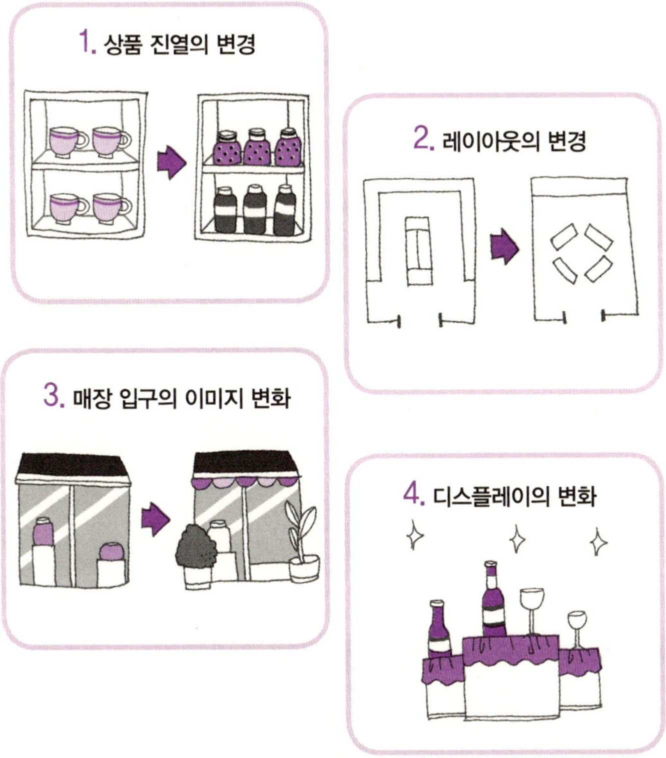

1. 상품 진열의 변경

2. 레이아웃의 변경

3. 매장 입구의 이미지 변화

4. 디스플레이의 변화

작은 변화로 매장의 활기를 되찾고 고객에게 '매장이 변했다'는 이미지를 심는다.

살펴보자. 아래의 방법을 이용해 매장의 분위기를 바꾸고 고객의 관심을 유도한다.

❶ 상품 진열을 바꾼다

매장 구석에 놓았던 상품을 매장 앞쪽으로 내놓거나, 맨 아래에 쌓아두기만 했던 상품을 선반 위로 옮기거나, 상품을 입체적으로 연출하는 등 진열 방법을 바꿈으로써 매장 분위기에 변화를 준다.

❷ 레이아웃을 바꾼다

매장 레이아웃 자체를 바꾸어 색다른 분위기를 연출한다.

❸ 매장 입구를 새롭게 꾸민다

매장 입구를 새롭게 단장하면 매장 내부 분위기에도 변화가 생긴다.

❹ 디스플레이 포인트를 설정하거나 새롭게 바꾼다

디스플레이 개수를 늘리거나 위치를 변경한다. 혹은 디스플레이 상품을 다른 상품으로 바꾸는 등 고객의 관심을 끌고 변했다는 생각이 들게 한다.

유니버설 디자인을 적용한다

: 모든 이에게 쾌적한 매장을

유니버설 디자인이란 성별과 연령, 국적, 장애 등에 관계없이 모든 사람이 평등하게 사용할 수 있는 디자인 설계를 말한다. 최근 들어 다방면으로 여러 곳에 도입되고 있지만 대규모 설비 투자가 필요한 만큼 비용 측면에서 적극적으로 적용하기 어려운 단점이 있다.

그러나 매장은 다양한 고객을 맞이하는 곳으로 누구나 쉽고 편리하게 이용할 수 있는 환경을 갖추어야 한다. 따라서 비교적 간단한 방법으로 유니버설 디자인을 매장에 적용해보는 것을 어떨까?

예를 들어 매장 입구나 통로에 널빤지를 깔아 경사면을 만들고 플로어 간 높이 차를 없앤다. 또한 휠체어가 지나다닐 수 있도록 통로의 폭을 넓히고 가능한 한 직선 이동을 할 수 있는 레이아웃을 구성한다. 그리고 매장에 의자나 벤치를 배치해 휴식 공간을 만드는 것도 유니버설 디자인을 적용하는 효과적인 방법이다. 다만 앉았다 일어설 때에 버팀목이 될 수 있는 손잡이가 달린 의자나 벤치를 준비하는 것이 좋다.

상품을 진열할 때도 집기의 높이를 낮게 설정하여 선반과 테이블 등의 진열대에 손이 쉽게 닿을 수 있도록 배려한다. POP 광고도 잘 보이도록 큼지막한 글씨로 쓰고, 한눈에 알아볼 수 있도록 알록달록한 색상보다는 단순한 색상을 사용한다. 광고 위치도 평소보다 조금 낮은 곳에 붙이고, 그림이나 사진을 활용하는 방식도 좋다. 조명도 어두운 곳과 밝은 곳의 차이가 심하지 않도록 관리하고, 매장 전체가 어두운 것 같으면 전구를 갈아 밝기를 조절한다. 매장은 조명을 밝게 해 둘러보기 편하도록 해야 한다.

이처럼 비교적 간단한 방법으로 고객이 편하게 둘러보고 가벼운 마음으로 매장을 찾을 수 있도록 당신의 매장에도 유니버설 디자인을 도입해보는 것을 어떨까?

3장

고객의 호기심을 자극하는 상품 진열

상품 진열은 매출을 쑥쑥 늘리는 지름길이다.
중요한 것은 '고객이 상품을 구입하기 편한 매장'이 되어야 한다!
이번 장에서는 상품 진열의 기본에 대해 살펴보자.

30

효과가 바로 나타나는 상품 진열

: 매출을 올리는 가장 빠른 방법

: 상품의 가치를 변화시키는 진열

매장은 고객이 상품을 둘러보고 구매하는 장소이다. 따라서 고객이 상품을 편하게 둘러보고 구매할 수 있도록 깔끔하게 정리 정돈할 필요가 있다. 그것이 바로 '상품 진열'이다.

어떤 상품을 매장의 어디에, 어떻게, 얼마만큼 진열할 것인가? 큰 비용을 들이지 않아도, 매장에서 처음 일하는 직원이라도 진열 방법을 익힌다면 고객의 마음을 사로잡을 수 있다. 그리고 진열 방법 하나만으로도 매출을 향상시킬 수 있다. 우선 상품이 어떻게 진열되어야 고객이 가장 편하게 둘러볼 수 있고, 구매하게 되는지에 대해 살펴보자.

● 깔끔하게 진열하지 않으면

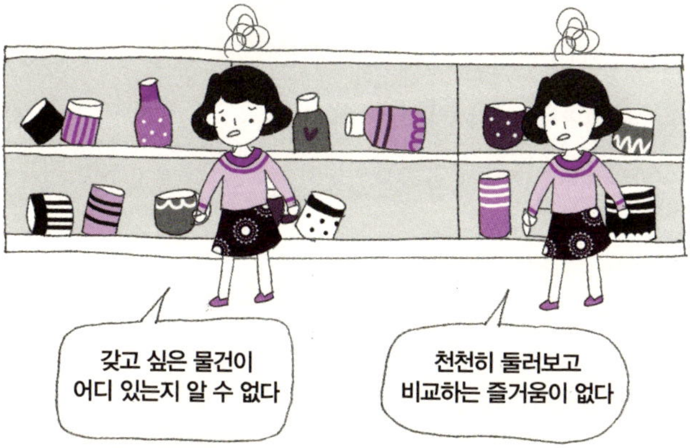

● 깔끔하게 진열하면

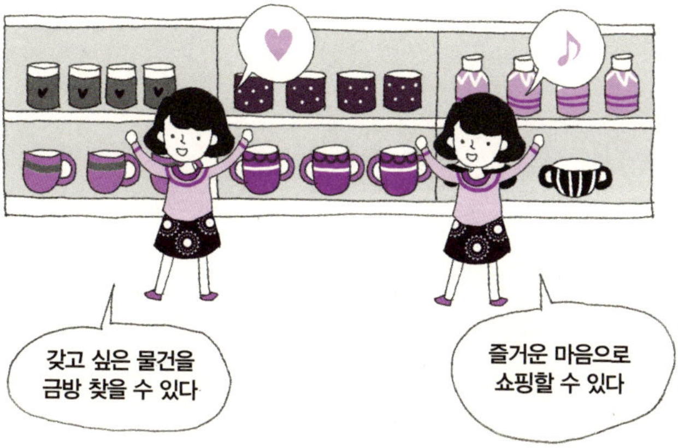

고객이 상품을 비교하고 고를 수 있는 즐거움을 느끼는 것이 중요하다.

상품이 입고된 상태 그대로 매장에 두거나, 플로어에 상품을 쌓아 두거나, 너무 많은 양의 상품을 빼곡히 늘어놓고 판매하는 것은 금기 사항이다. 어디에 어떤 상품이 있는지 찾을 수 없고 파악할 수 없을 뿐만 아니라 찾고 싶은 기분조차 들지 않기 때문이다.

고객은 매장에 들어와 가장 먼저 상품을 살핀다. 사려고 했던 물건이나 갖고 싶었던 상품을 찾고 곧바로 그 상품을 발견하면 표정이 밝아진다. 그리고 다른 상품과 비교해보고 마음에 들면 구매한다. 이처럼 매장은 고객이 '찾기 쉽고', '구매하기 편하도록' 상품을 진열해야 한다.

3장은 어떤 진열이 고객의 욕구를 자극하고 구매로 이어질 수 있는지 그 방법에 대해 소개한다.

31

보기 쉽고, 알기 쉽고, 고르기 쉽게

: 상품 진열의 3원칙

: 고객은 상품을 알아야 구매한다

앞서 설명한 바와 같이 상품 진열에서 가장 중요한 것은 고객이 상품을 쉽게 찾고 사기 편해야 한다는 점이다. 즉 상품은 보기 쉽고, 알기 쉽고, 고르기 쉽게 진열되어 있어야 하고, 상품명과 내용, 특징을 잘 알 수 있어야 한다. 상품이 제대로 보이지 않거나 어떤 상품인지 알 수 없으면 고객의 구매 욕구를 전혀 자극할 수 없다.

: 상품을 구분해서 진열한다

우선 상품을 보기 쉽고, 알기 쉽게 진열하는 방법은 상품의 정면이 고객을 향하도록 놓는 것이다.

●보기 쉽고, 알기 쉽게!

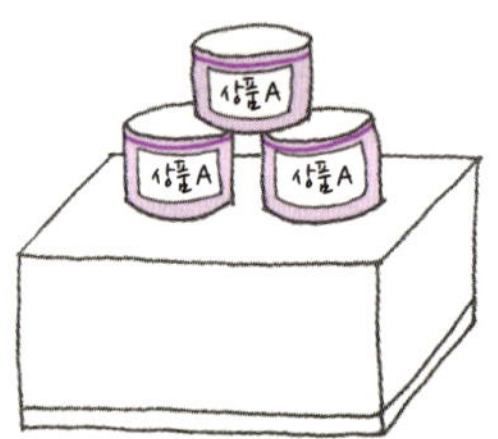

상품의 정면이 고객을 향하도록 진열한다

●고르기 쉽게!

상품을 종류별로 분류해 진열한다

Shop 형태가 다소 복잡한 상품은 전체의 형태와 구조가 잘 보이도록 진열한다.

　누구나 다 아는 기본이지만 의외로 잘 지켜지지 않는 부분이므로 주의하자.

　만일 상품명이 적힌 라벨이 있다면 라벨이 고객에게 잘 보이도록 밖으로 빼놓고, 상자에 담긴 제품은 앞뒤를 정확히 구분해 앞쪽이 정면을 향하도록 진열한다. 또한 양복과 같은 의류 제품도 앞쪽을 정면으로 디스플레이한다. 단 라벨이 없고 형태가 복잡한 장난감 제품의 경우에는 상품 전체의 형태와 구조가 잘 보이는 쪽을 정면으로 진열한다.

　고객은 상품을 살펴본 후에 마음에 들면 어떤 것을 살지 고민하기 시작한다. 이때 고객이 여러 상품 중에서 고르기 편하도록 종류별로 구분하여 진열한다. 상품을 비교하기 쉽도록 관련 상품을 하나의 섹션으로 묶어 한곳에 진열하면 좋다. 이처럼 상품은 보기 쉽고, 알기 쉽고, 고르기 쉽게라는 3가지 원칙에 따라 진열한다.

32

상품에 따른 다양한 진열 패턴

: 올려놓기, 매달기, 걸어두기, 입혀두기

: 진열에 사용하는 집기와 기구

상품을 진열 및 전시하는 데는 다양한 집기와 기구가 필요하다. 집기와 기구는 진열할 상품의 이미지와 맞아야 하고, 상품의 특징을 잘 살릴 수 있어야 한다. 또한 진열하기 편하고, 상품에 큰 영향을 미치지 않는 것 등을 선택해야 한다.

: 상품 진열의 4가지 패턴

상품 진열은 크게 올려놓기, 매달기, 걸어두기, 입혀두기의 4가지 패턴으로 나뉘고 각 상황에 적합한 집기를 사용한다.

해당 상품에 적합한 집기를 사용한다

· 올려놓기 ·

· 매달기 ·

· 걸어두기 ·

· 입혀두기 ·

4가지의 진열 패턴을 잘 활용해 상품의 특징이 돋보이게 한다.

❶ 올려놓기

올려놓기는 몇 가지 패턴으로 더 나눌 수 있다. 접어서 올려놓기
의 경우에는 선반식 집기나 테이블, 스테이지, 매대 등을 사용하
고, 넓게 펴서 올려놓기의 경우에는 카운터나 케이스 등을 사용
한다. 일렬로 올려놓기의 경우에는 테이블, 선반 집기, 박스 집기
등을 사용한다.

❷ 매달기

낚싯줄이나 핀으로 상품을 천장에 매다는 방법(플라잉)이다. 상
품을 천장에 매다는 기술뿐만 아니라 디자인적인 측면에서 아름
답게 보이도록 구성하는 노하우가 필요하다.

❸ 걸어두기

집기에 걸어 진열하는 방법으로 행거나 시스템 집기, 후크, 네트
집기 등을 주로 사용한다.

❹ 입혀두기

마네킹에 제품을 입히거나 코디네이션을 보여주는 방법이다. 마
네킹과 코디네이트 행거, 스탠드 등이 사용된다.

33

진열에 필요한 집기와 사용 방법

: 곤돌라와 활용도가 좋은 바퀴 진열대

: 목적과 용도에 적합한 집기

진열 집기와 기구는 제조업체에 따라 같은 용도의 제품이라도 명칭과 사이즈가 각기 다르다. 따라서 상품과 매장 이미지에 적합한 물건을 구분해 사용한다. 대표적인 진열 집기와 기구로 다음과 같은 것들이 있다.

❶ 곤돌라 케이스

상품을 진열할 수 있는 선반이 있고 앞, 뒤의 양쪽 면을 모두 사용할 수 있어 일반 매장에서 흔히 사용된다. 상품을 접어서 진열하거나 셀프 서비스 판매 매장에 활용된다.

상품의 특성과 이미지에 적합한 집기를 사용한다.

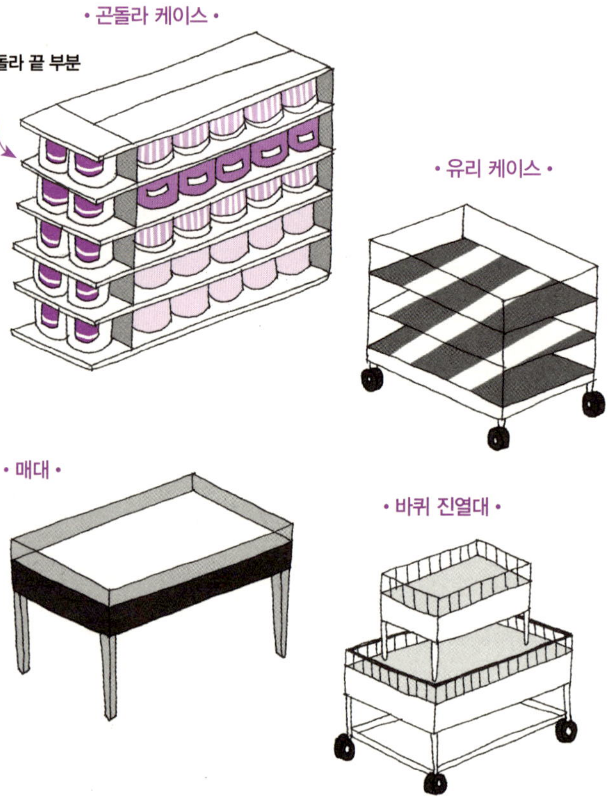

② 매대, 테이블 (바퀴 진열대)

주로 세일 상품이나 신상품을 소개할 때에 포인트 디스플레이로 활용하기 좋은 집기이다. 크기는 90×180센티미터가 일반적이다. 테이블은 중후한 분위기에서 캐주얼한 분위기까지 다방면으로 활용 가능하다.

③ 유리 케이스

기성품은 깊이 45~60센티미터, 길이 90~180센티미터가 일반적이다. 고가 제품이나 위생 관리가 필요한 상품에 주로 사용된다.

④ 행거

주로 의류 제품을 걸어두는 데 사용된다. 종류는 직선형, 원형, 만자(卍)형이 있다.

⑤ 토르소와 마네킹

토르소는 이탈리아어로 바디(body)를 뜻한다. 인체와 동일하게 만들어진 스탠드식 바디다. 일반적으로 얼굴과 팔이 없는 토르소를 사용하고 의류 제품의 코디네이션에 활용된다.

마네킹은 사람과 똑같이 생긴 인형과 조각 등 다양하다. 용도와 목적에 맞는 디자인을 선택해 사용한다.

계절에 맞는 장식품(벚꽃, 나팔꽃, 단풍)이나 나무, 동물, 과일 등 실물과 똑같이 만든 모조품을 사용한다. 상품을 좀 더 돋보이게 하는 효과가 있다.

34

마음을 사로잡는 마그넷 포인트

: 신상품과 시즌 유행 상품을 진열한다

: 고객의 호기심과 흥미를 자극하는 곳

매장에서는 고객의 눈길과 마음을 사로잡는 '마그넷 포인트 (Magnet Point)'를 설정해야 한다. 마그넷은 자석을 뜻하며 마그넷 포인트는 말 그대로 고객이 매장을 둘러보고 '바로 저 상품이야!' 라며 자기도 모르게 몸과 눈이 이끌려가는 장소를 의미한다. 마그 넷 포인트를 잘 활용하면 고객의 회유성을 향상시킬 수 있다.

: 마그넷포인트는 균형을 고려하여 배치한다

마그넷 포인트에는 고객이 쉽게 흥미를 느낄 수 있는 상품을 진 열해야 한다. 신상품이나 이슈 상품, 시즌 유행 상품, 대중 매체에

시즌 상품이나 이슈 상품으로 다른 상품과 차별화를 꾀한다.

서 다룬 상품, 세일 상품 등이 적합하다.

그리고 다른 상품과 차별화된 독특한 방법으로 진열해야 한다. 공간을 다른 상품보다 조금 넓게 확보해 눈에 띄게 하거나, 상품이 잘 보이도록 정면으로 그리고 입체적으로 진열한다. 또한 장식품이나 소품을 활용해 상품을 연출하면 상품의 특징을 더욱 돋보이게 할 수 있다.

단, 마그넷 포인트는 매장의 전체적인 균형을 고려해 배치해야 한다. 매장 입구는 고객을 매장 안으로 유도하고 상품을 둘러보면서 '뭔가 흥미로운 상품이 있다'라고 느낄 수 있도록 해야 구매 의욕이 자극되고 구매로 이어질 확률이 높아진다.

35

상품 주목도가 높은 골든 스페이스
: 플로어에서 100센티미터 안팎에 진열한다

: 고객의 시선을 고려해 상품을 진열하기

매장마다 플로어와 천장의 높이가 다르고 그에 따라 레이아웃 방법도 달라진다. 고객의 시선을 고려하면서 상품을 매장 상황에 맞게 진열하기 위해서는 어느 높이가 어떤 효과를 내는지 숙지하고 있어야 한다.

➊ 플로어 ~ 60센티미터

낮은 위치로 저가 상품을 진열하기에 적합한 높이다. 구두, 샌들, 슬리퍼 등의 신발이나 플로어에 두고 사용하는 상품을 진열한다.

진열 높이마다 다른 효과를 나타낸다

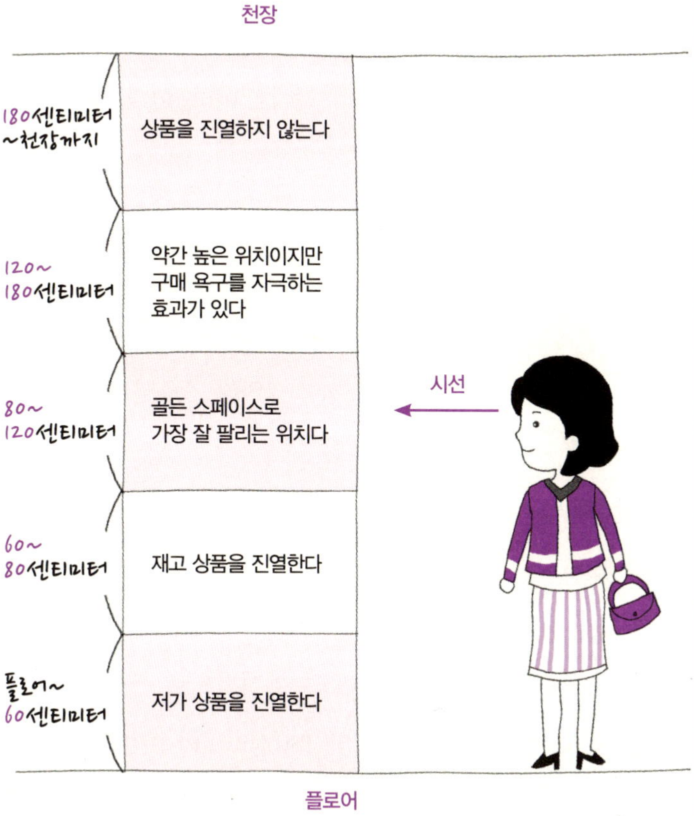

천장

180센티미터 ~천장까지	상품을 진열하지 않는다
120~ 180센티미터	약간 높은 위치이지만 구매 욕구를 자극하는 효과가 있다
80~ 120센티미터	골든 스페이스로 가장 잘 팔리는 위치다
60~ 80센티미터	재고 상품을 진열한다
플로어~ 60센티미터	저가 상품을 진열한다

시선

플로어

각 위치에 따라 진열할 상품을 결정한다.

플로어~60센티미터보다 약간 높지만 상품을 직접 만져보기 쉬운 위치이다. 재고 상품을 진열하면 좋다.

③ **80 ~ 120센티미터**

상품이 가장 잘 팔리는 '골든 스페이스'이다. 이 위치를 가장 효율적으로 활용해야 한다.

④ **120 ~ 180센티미터**

고객의 시선보다 조금 높은 위치로 구매 욕구를 자극한다. 상품을 깔끔히 정리해 둘러보기 쉽게 진열한다.

⑤ **180센티미터 ~ 천장**

높은 위치라 직접 상품을 만져볼 수 없다. 따라서 되도록이면 상품을 진열하지 않도록 한다. 이 위치에는 매장 이미지를 표현하는 집기나 포스터 등을 두면 좋다. 계획적으로 천장까지 상품을 진열한다고 하더라도 고객은 약 180센티미터 이상의 높이에 놓인 상품은 포스터나 간판 등과 같은 이미지로 받아들인다. 이 점에 유의하도록 하자.

36

손으로 집기 쉽고 비교하기 쉬운 선반 진열
: 다양한 상품을 보고 고르는 재미가 있다

: 빈 공간을 활용해 정리한다

선반 진열은 말 그대로 상품을 선반 위에 펼쳐 놓거나 접어서 진열하는 방법이다. 고객이 상품을 직접 만져보면서 고를 수 있는 만큼 금세 흐트러질 수 있으므로 자주 정리해야 한다. 또한 상품을 좀 더 자세히 보여주기 위해 공간을 조금 넓게 확보하는데, 상품을 겹쳐서 쌓아 진열할 때는 위의 선반과 아래 선반 사이 간격을 1/2 이내로 하고 옆으로 나란히 진열할 때는 상품을 딱 붙이기보다는 일정한 간격을 두고 진열한다.

선반 진열은

- 상하 방향으로는 사이즈와 색상을 달리해 진열한다.

- 좌우 방향으로는 상품의 종류를 달리해 진열한다.

- 선반 개수가 많은 경우는 80~120센티미터의 높이를 중심으로 진열한다.

다른 품목의 상품을 다양하게 준비한다. 상품수가 적어 매장이 한산해 보이지 않도록 주의한다.

: 80~120센티미터의 높이를 중심으로

선반 진열은 선반의 개수에 따라 진열 방법이 달라진다. 가령 선반의 개수가 많은 벽면 선반은 약 80~120센티미터의 높이를 중심으로 진열한다. 이 높이보다 높은 선반은 상품을 사이즈나 디자인 등에 따라 분류해 정리하고 정면이 고객을 향하도록 한다. 또한 이 높이보다 낮은 선반은 고객이 가볍게 손으로 만져볼 수 있도록 진열한다.

: 비교하기 쉽도록 상품을 분류한다

선반 진열은 상품을 비교하기 쉽다는 특징이 있다. 이는 고객에게 이것저것 살펴보고 고르는 재미를 선사하며, 객단가를 높여준다. 물론 선반의 개수에 따라 상황이 달라지겠지만 상하 방향으로는 사이즈나 색상, 무늬 등을 달리해 진열하고, 좌우 방향으로는 상품의 종류를 달리해 진열한다.

이때 같은 종류의 상품을 다양하게 확보하고 깔끔히 진열하는 것이 중요하다. 선반에 진열된 상품이 흐트러져 있거나 종류가 많지 않으면 고객은 매장에 들어가려 하지 않는다. 즉 상품이 깔끔하게 정리되어 있고, 매장에 활기가 넘쳐야 고객의 발길을 사로잡을 수 있다. 선반 진열 시에는 이 점에 주의해야 한다.

37

상품을 하나 더 사게 만드는 제안형 진열

: 메인 요리 옆에 디저트를 함께 놓는다

: 주제를 정해 새로운 사용 방법을 제안한다

상품을 진열할 때는 고객이 고르는 재미, 둘러보는 즐거움을 느낄 수 있도록 고객에게 상품을 제안하는 진열이 필요하다. 단순히 판매 주력 상품과 관련 상품을 모아 진열하는 데 그치지 않고, 주제를 정해 '이 상품은 이렇게 사용할 수 있다', '이렇게 조리할 수 있다', '이렇게 즐길 수 있다' 등의 새로운 사용 방법을 소개한다.

: 새로운 발견을 알린다

예를 들어 무더운 여름에 지친 체력을 보강하기 위한 보양식을 제안한다고 해보자. 요리 주제는 삼계탕이다. 이 경우에 여러 종류

상품의 매력을 극대화하는 제안형 진열

사례 ❶ 여름철 보양식

사례 ❷ 어버이의 날

Shop 주제를 정해 상품을 진열하면 상품의 장점과 매력이 더욱 부각되고 돋보인다.

의 닭과 함께 몸에 좋은 한약재, 맛있는 삼계탕을 만들기 위한 요
리책, 삼계탕과 궁합이 잘 맞는 디저트 등 관련 상품을 함께 진열
하고, 여기에 더해 닭고기를 이용한 다양한 나라의 요리법도 함께
소개한다. 그리고 남은 닭고기를 이용해 만들 수 있는 색다른 요
리법도 함께 알려준다.

또한 어버이날을 맞이해 부모님께 드리는 감사의 선물로 와인을
제안할 때는 단순히 여러 종류의 와인과 안주를 진열할 뿐만 아니
라 '부모님이 좋아하시는 저녁요리 10'와 같이 설문조사에서 집계
된 요리를 소개한다면 흥미로운 제안형 진열이 된다.

이처럼 상품 제안은 매장에 변화를 주고 활력을 불어넣을 뿐만
아니라 상품을 더욱 매력적으로 돋보이게 한다. 따라서 상품의
장점과 매력을 어떻게 살려 제안할 것인지에 대해 항상 고민해야
한다.

38

상품 라이프 사이클에 맞추는 진열

: 입고에서 처분까지, 시기에 따른 진열 방법

: 인기 상품에도 수명이 있다

상품은 매장에 입고되어 잘 팔리다가 처분될 때까지 완만한 곡선을 그린다. 이것이 '상품의 라이프 사이클'인데 각 시기마다 진열과 홍보 방법이 다르다. 이에 대해 살펴보자.

❶ 도입기

이 시기는 계절에 맞게 상품이 입고되기 때문에 고객에게 신선함을 준다. 매장 윈도우나 주요 스테이지 등 눈에 잘 띄는 장소에 상품을 진열한다. 하지만 입고 수량이 적으므로 일단 고객의 관심을 끌 수 있도록 매력을 최대한으로 부각시킨다.

당신 매장의 진열 상품은 지금 어느 시기에? 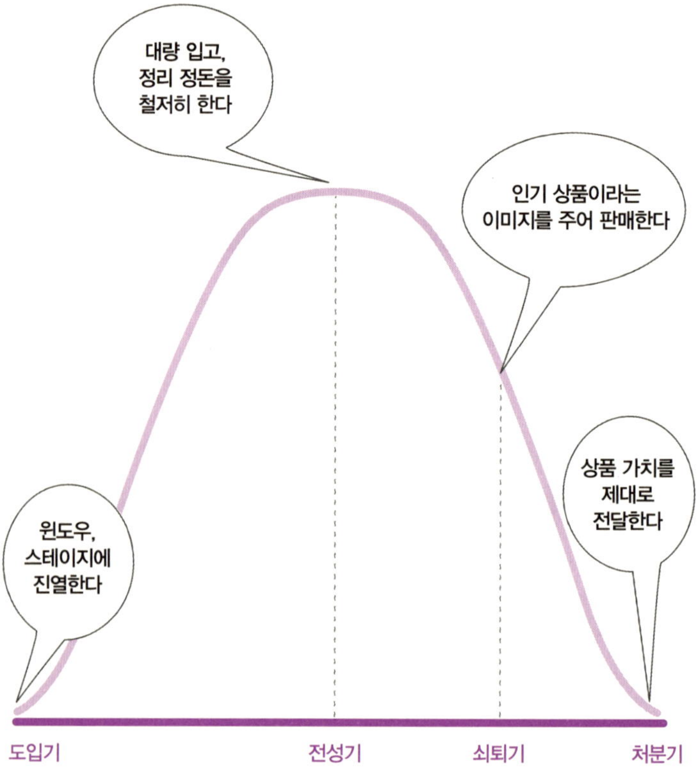
대량 입고, 정리 정돈을 철저히 한다
인기 상품이라는 이미지를 주어 판매한다
윈도우, 스테이지에 진열한다
상품 가치를 제대로 전달한다
도입기
전성기
쇠퇴기
처분기
Shop
상품의 라이프 사이클을 분석해 진열과 판매 전략을 바꾼다.

❷ 전성기

고객의 관심을 가장 많이 받는 시기로 상품이 날개 돋친 듯이 잘 팔리는 시기이다. 수량이 많이 입고되므로 정리 정돈에 신경 쓴다. 매장 가운데에 진열하면 고객이 쉽게 손으로 만져보고 비교할 수 있어 구매로 바로 연결된다.

❸ 쇠퇴기

전성기가 지나고 나면 점차 인기가 떨어지고 판매 속도가 서서히 줄어드는 시기가 찾아온다. 이 시점부터는 한시라도 빨리 상품을 팔아 치우는 전략이 필요하다. 즉 상품 수량을 넉넉히 확보해 '아직도 잘 팔리는 인기 상품이다'라는 이미지를 표출하고 고객에게 강한 인상을 남길 수 있도록 한다.

❹ 처분기

쇠퇴기를 넘긴 상품은 서서히 처분되기 시작한다. 이때는 '1+1'과 같이 지금 구매하면 이득이라는 이미지를 강조한다. 곧 매장에서 처분될 상품이라는 인상보다는 디자인과 품질, 편리성 등이 돋보이도록 진열해 상품의 가치를 고객에게 전달한다.

39

인기 없는 상품도 팔리는 착시형 진열

: 인기 상품과 함께 진열한다

: 안 팔린다고 포기하지 말자

상품 중에는 매장에 내놓자 마자 곧바로 팔리는 상품이 있는가 하면 아무리 보기 좋게 진열해도 잘 팔리지 않는 상품도 있다. '더 이상 안 팔리니깐 그만 치우자'라며 포기하지 말고 새로운 판매 전략을 세워보면 어떨까?

: 잘 판매되지 않는 상품을 판매하는 3가지 전략

잘 안 팔리는 상품을 판매하는 전략에는 다음과 같은 방법이 있다. 3가지 방법을 이용해 비인기 상품이 고객의 눈에 한 번이라도 더 띌 수 있도록 노력한다.

● 샌드위치 방법

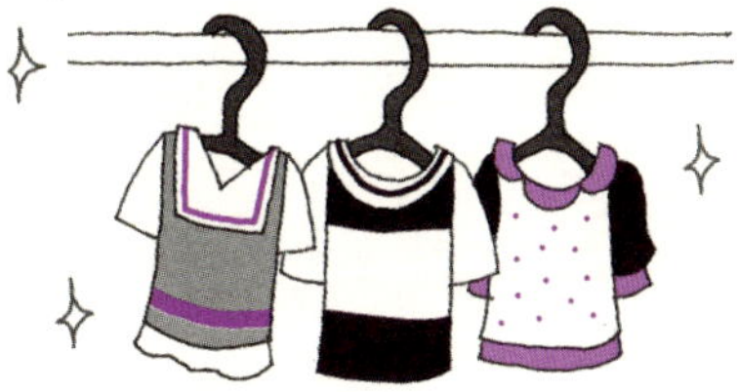

● 코디네이션 방법

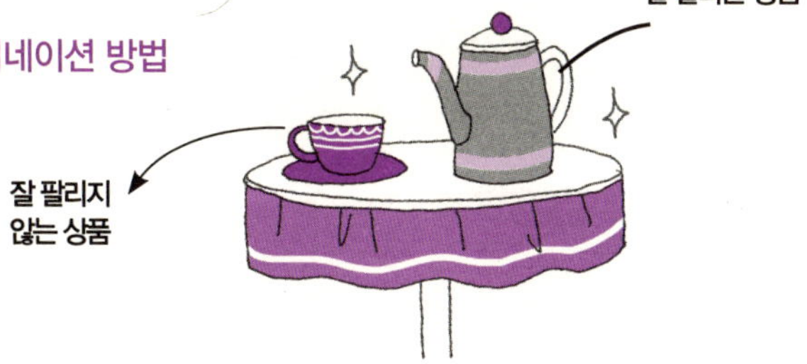

● 장소 이동(진열의 변화)

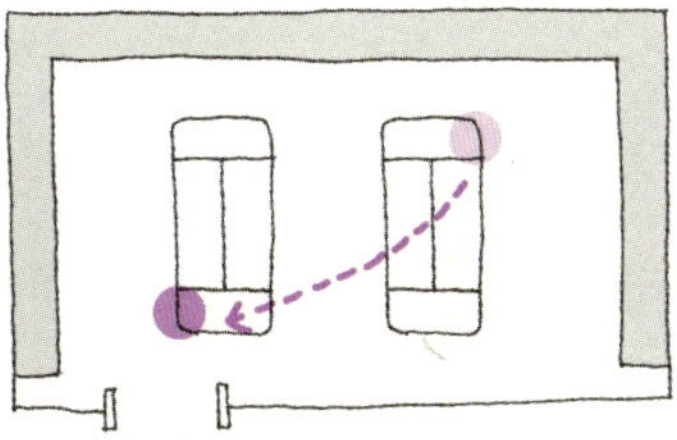

착시형 진열을 통해 잘 팔리지 않는 비인기 상품을 판매한다.

잘 팔리는 인기 상품 사이에 잘 팔리지 않는 상품을 끼워 진열하는 방법으로 고객의 시선을 인기 상품에서 비인기 상품으로 자연스럽게 유도하는 기회를 늘린다. 또한 잘 팔리는 상품 사이에 진열해 '이 상품도 인기 상품이다'라는 착각을 불러일으킨다.

잘 팔리지 않는 상품을 디자인이 돋보이는 상품이나 유행 상품과 함께 코디하는 방법이다. 함께 코디된 상품에 섞여 신선함이 돋보이고 비인기 상품이라는 이미지가 없어진다.

잘 팔리지 않는 상품을 고객의 눈에 잘 띄는 매장 앞이나 입구 쪽에 진열하는 방법이다. 진열 장소를 바꾸기만 해도 고객을 매장 안으로 유도하는 기회를 늘릴 수 있다. 또한 잘 보이는 곳에 상품을 진열하면 '잘 팔리는 인기 상품'이라는 이미지를 연출할 수 있다.

40

과도한 광고는 역효과를 낸다

: 꼭 필요한 정보만 신중하게 선택

: 불필요한 군더더기 광고를 제거한다

일반적으로 매장에는 상품이 진열되어 있고, 잔잔한 음악이 흐르며, POP 광고나 포스터 등이 붙어 있다. 고객에게 보다 다채로운 상품을 보여주고 장점과 매력을 전달하기 위해 노력하는 모습이다.

그러나 고객에게 알리고 싶은 정보가 너무 많은 나머지 취사선택을 제대로 하지 못하면 고객에게 불쾌감과 혼란을 초래할 수 있다. 우리는 이를 '노이즈(잡음)'라고 하는데 노이즈는 매장 전체의 통일감을 헤치고 잡다한 인상을 주는 골칫덩이다.

최우선으로 전해야 할 정보만 선택한다

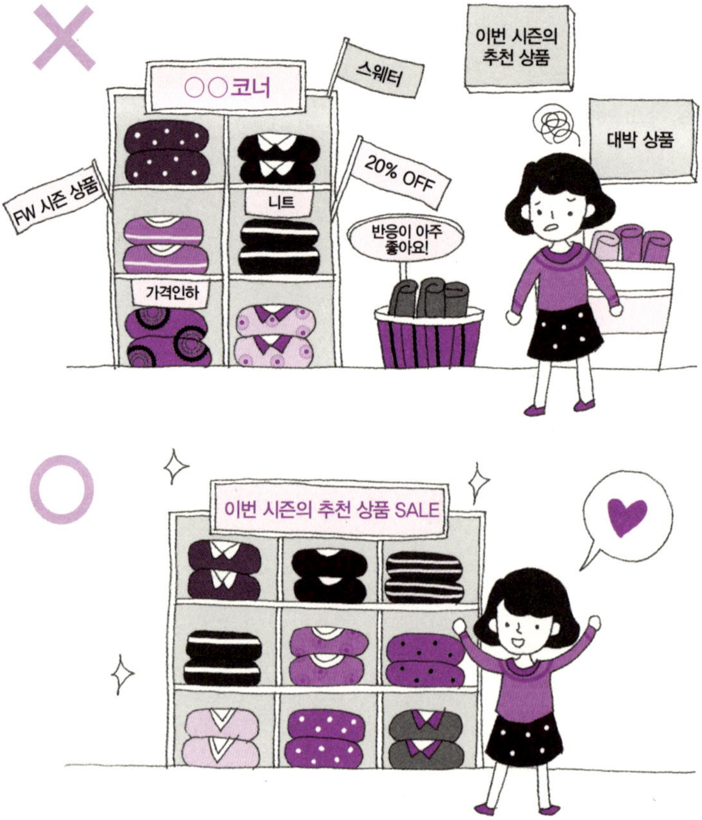

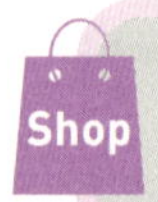

불필요한 과도한 정보는 오히려 역효과를 초래한다. 고객 요구에 맞는 중요한 정보만 취사선택하라.

: 필요한 정보만 신중히 선택한다

노이즈를 없애기 위해서는 우선 고객의 욕구를 정확히 파악하고 필요한 정보만 신중하게 선택해야 한다. 고객에게 전하고 싶은 정보에 순위를 정하고 최하위권의 정보는 별로 중요하지 않은 정보이므로 삭제한다.

정보를 취사선택할 때는 상품 구색의 현황이나 판매 계획을 고려해 결정한다. 예를 들어 드러그 스토어의 경우에 추운 겨울이라면 감기가 유행하는 시기이므로 감기 예방약이나 마스크, 핫팩, 따뜻한 음료 등을 POP나 포스터와 함께 진열한다. 이 시기의 고객은 '감기 예방'에 관심이 많고 감기 관련 상품에 대한 구매 욕구가 높기 때문이다. 다시 말해 감기 관련 상품과 정보를 우선적으로 진열하고 그 외의 정보는 가능한 한 매장에서 제거한다.

이처럼 고객에게 최우선적으로 알리고 싶은 정보가 무엇인지를 결정한다. 그 다음에 해당 상품을 효과적으로 진열함으로써 매장의 골칫덩이를 없앤다. 그래야 고객에게 필요한 정보를 전하는 매력적인 매장이 될 수 있다.

41

상품의 가치를 떨어뜨리는 진열 방법

: 이런 진열은 반드시 피하라

: 고객을 무시한 상품 진열

상품을 진열할 때에 반드시 피해야 할 점이 있다. 바로 고객보다 매장을 우선시하는 진열 방법이다. 의외로 많은 매장에서 이런 일이 빈번히 일어난다. 주의가 필요하다.

: 반드시 피해야 할 5가지 진열 방법

상품의 가치를 높이고 고객에게 호감을 얻으려면 다음의 5가지는 반드시 피해야 한다.

❶ 동일한 집기에 전혀 다른 상품을 진열한다

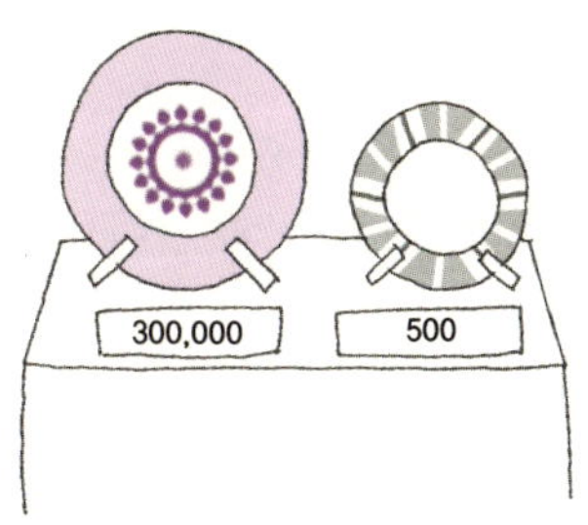

상품의 균형과 조화가 깨져 있다

만지면 쓰러질 것 같다

대충 놓은 듯 방치된 상품

의도를 알 수 없는 상품 진열

고객의 입장에서 둘러보기 편하고 구매하기 쉽게 진열한다.

동일한 품목의 접시라도 동양식 접시와 서양식 접시는 느낌과 이미지가 다르다. 또한 동양식 접시라도 평소에 쓰는 그릇과 명품 그릇은 전혀 다르다. 이렇게 서로 다른 이미지의 상품을 함께 진열하면 상품의 균형과 조화가 깨져 그 가치를 떨어뜨리게 된다.

❷ 용량을 초과해 과도하게 진열한다

필요 이상으로 너무 많은 상품을 진열하면 보기에도 안 좋고 매장을 정리하기도 힘들어진다. 또한 상품의 가치를 고객에게 제대로 알릴 수 없다. 오히려 지저분하다는 인상만을 남길 뿐이다.

❸ 상품을 불안하게 진열한다

만지면 쓰러질 것 같고 스치기만 해도 넘어질 것 같은 불안한 진열은 고객의 구매 욕구를 떨어뜨린다.

❹ 대충 놓은 듯 상품을 방치한다

상품이 이리저리 흐트러져 있거나 대충 놓은 것 같은 진열은 매장 전체의 이미지를 떨어뜨린다. 또한 고객에게 나쁜 이미지를 심어줄 수 있다.

❺ 통일감 없이 마구 진열한다

상품을 계획 없이 진열하면 고객에게 상품의 장점과 매력을 제대로 전달할 수 없고, 팔다 남은 상품으로 오해 받을 수 있다.

42

손발이 척척 맞는 진열 계획

: 매장 전체의 균형을 중시한다

: 상품을 진열할 때 반드시 지켜야 할 3가지

상품을 진열할 때에 무작정 계획 없이 진행하면 금세 실패할 뿐만 아니라 매장 전체의 통일감이 사라지고 결국 지저분한 이미지를 초래하게 된다. 따라서 다음과 같이 계획적이고 단계적으로 일을 진행해야 한다.

❶ 진열 상품을 확인한다

우선 상품의 명칭과 소재, 사이즈, 수량을 파악한다. 그리고 색상과 디자인, 용도 등에 따라 분류한다.

효율적인 진열 작업을 위해서는?

● 상품을 확인한다

● 진열 방법을 확인한다

● 고객의 동선을 고려해 진열 장소를 확인한다

무작정 작업에 착수하는 것은 실패의 지름길이다. 계획적으로 단계적으로 접근한다.

❷ 진열 방법을 확인한다

그 다음으로는 상품의 진열 방법을 결정한다. 상품을 선반에 둘 것인지, 천장에 매달 것인지, 행거에 걸 것인지를 정하는 일이다. 그리고 해당 상품에 가장 적합한 집기와 기구를 선택한다. 집기의 명칭과 사이즈, 개수, 위치, 공간 등을 점검한다.

더불어 상품의 매력과 장점을 부각시키고 고객의 구매 욕구를 자극하기 위한 POP 광고에 필요한 자재를 수집한다. POP 광고를 어떤 상품에 어떻게 부착할 것인지, 어떤 방법으로 제작할 것인지에 대해 생각해본다.

❸ 고객 동선을 고려해 진열 장소를 확인한다

마지막으로 고객의 움직임에 따라 매장의 어느 위치에 상품을 진열하면 효과적인지를 생각해본다. 그런 다음에 고객의 입장이 되어 실제로 매장 안을 둘러보고 손으로 만져보고 비교하면서 직접 확인한다. 만일 불편하거나 이질감이 느껴지는 부분이 있다면 곧바로 수정한다. 또한 상품은 정면이 고객을 향하도록 진열한다.

위의 3단계에 따라 확인 작업을 모두 마쳤다면 상품 진열의 균형과 조화, POP 광고, 조명 등을 점검한다. 그리고 반드시 청소로 모든 작업을 마무리한다.

상품 진열의 기본,
'선입고 선출고'의 법칙

: 상품이 입고되면……

상품은 고객이 많이 사면 살수록 그만큼 수량이 줄어들고 재고도 줄어든다. 그리고 매장은 상품 부족 사태를 막기 위해 물량을 더 확보하고 추가 입고를 진행한다. 이렇게 입고된 상품은 매장에서 판매하고 있던 상품과 함께 진열되는데 이때에 가장 중요한 점이 바로 진열의 기본인 선입고 선출고의 법칙이다.

: 신선함을 유지하고 재고량을 관리한다

선입고 선출고의 법칙은 말 그대로 먼저 입고된 상품이 먼저 팔리도록 고객의 시선을 끌 수 있는 장소에 진열하고, 나중에 입고된 상품은 먼저 입고된 상품 뒤편에 진열하는 방법이다. 먼저 입고된 상품을 먼저 팔려는 이유는 상품의 신선도를 유지하기 위해서이다. 나중에 입고된 상품이 먼저 팔리게 되면 먼저 입고된 상품은 오래되거나 흠집이 생긴 채 재고품으로 전락하기 쉽기 때문이다.

또한 팔다 남은 재고 상품이 많아지면 매장은 활기를 잃게 된다. 시간이 지나면 지날수록 그만큼 상품의 신선도는 떨어지고 고객의 관심 밖으로 밀려나기 때문이다. 신선도라고 해서 식품에만 해당되는 이야기가 아니다. 의류 제품이나 잡화 등 모든 상품에 적용되는 법칙이다.

선입고 선출고의 법칙을 철저히 지키면 어떤 상품이 어느 정도 판매됐는지 혹은 판매되지 않았는지를 쉽게 파악할 수 있다. 그렇게 되면 상품 입고와 관리가 좀 더 수월해지고 재고량도 관리할 수 있다. 매장을 운영하는 사람이라면 반드시 지켜야 할 진열의 기본 법칙이므로 반드시 숙지하기 바란다.

4장

구매를 이끄는 다양한 매장 연출법

'뭔가 재미있을 것 같아', '구경이라도 할까?', '만져보기라도 하고 싶다' 등
고객의 마음을 사로잡아 구매 욕구를 자극하는 것이 바로 '연출'이다.
이번 장에서는 매장에 대한 호감도와 매출을 향상시키는 방법에 대해 살펴보자.

43

구매 욕구를 자극하는 매장 연출법

: 예쁘게 꾸민다고 매출이 오르지는 않는다

: 쇼핑의 즐거움을 선사한다

매장 레이아웃이나 상품 진열 방법만큼 매장을 보기 좋게 연출하는 방법도 고민해야 한다. 매장 연출은 고객의 관심을 끌고 매출을 향상시키는 중요한 요소이기 때문이다.

매장 연출은 단순히 예쁘게 장식하거나 꾸미는 것을 의미하지 않는다. 고객이 즐겁게 쇼핑할 수 있는 편안한 분위기를 만드는 작업이다. 이를 통해 매장에 활기와 생기를 불어넣을 수 있고, 더불어 고객도 매장을 자주 찾게 된다.

주제에 맞는 매장 이미지를 설정한다

Shop 판매 주력 상품을 중심으로 관련 상품을 함께 진열해 매장 분위기를 띄운다.

: 두서 없이 상품을 진열하지 않는다

매장을 연출할 때는 너무 많은 상품을 이곳저곳에 진열하지 말아야 한다. 다양한 상품에 대한 많은 정보를 전달하기보다 주력 상품을 선정해 주제를 정한다. 그 주제를 가장 잘 나타낼 수 있도록 매장을 연출한다. 이때 반드시 매장 전체의 균형과 통일감을 살려야 한다. 그렇지 않으면 고객에게 지저분하고 복잡한 이미지로 기억될 수 있다.

예를 들어 여름 휴가를 위해 사람들이 많이 찾는 텐트가 판매 상품이라면 매장 연출의 주제를 '여름 캠핑'으로 정하고 매장 이미지는 활동적이고 자연적인 분위기로 꾸민다. 메인 스테이지나 디스플레이 공간에 텐트를 중심으로 캠핑 용품, 야외 활동에 필요한 모자와 같은 소품 등을 함께 장식한다. 또한 여름 축제와 해수욕, 비키니 등 여름 휴가와 관련된 캐주얼 패션 상품과 액세서리, 선글라스 등을 진열해 밝고 즐거운 분위기를 최대한 부각시킨다.

이처럼 정해진 주제에 따라 통일감 있게 매장을 연출하면 고객은 보다 즐거운 마음으로 매장을 둘러볼 수 있고 구매율도 덩달아 상승한다.

44

매장 연출의 기본, 삼각형 구성

: 정리된 느낌과 안정감

: 안정감을 주는 삼각형 구성

윈도우, 매장 스테이지, 선반 디스플레이에 진열된 상품 가운데는 왠지 모르게 안정감이 느껴지는 구성이 있다. 삼각형의 진열 구성으로 예를 들어 키가 낮은 상품을 좌, 우측에 두고 가운데 상품을 삼각형의 꼭지점이 되게 진열하는 방법이다.

삼각형 구성은 진열된 상품에 안정감과 정리된 느낌을 주는 진열 방법이다. 매장 연출의 가장 기본이 되는 방법이므로 반드시 숙지하도록 한다.

삼각형 구성은 삼각형 틀만 머릿속에 떠올리면 누구나 간단히 할 수 있다.

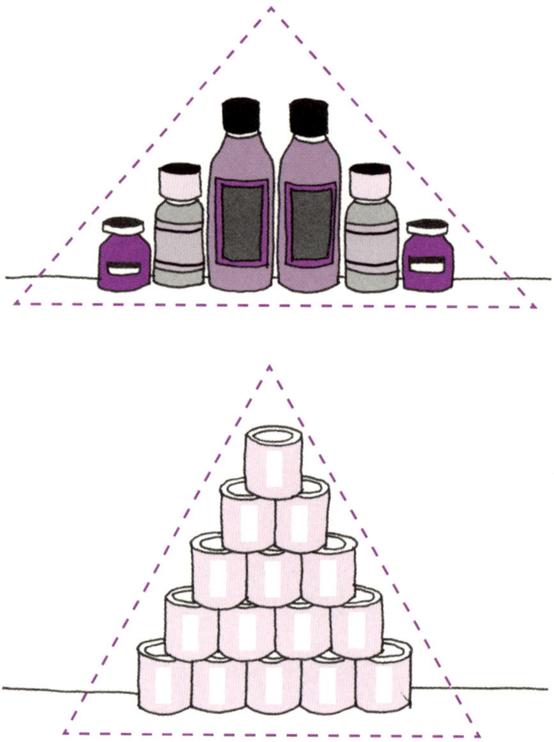

삼각형 구조의 상품 진열은 가장 먼저 삼각형의 틀을 머릿속에 떠올린다. 그리고 그 틀 안에 상품이나 연출 소품을 집어 넣는다. 상품의 내용이나 형태, 색상을 고려하면서 삼각형 모양으로 늘어 놓을 것인지 아니면 쌓을 것인지를 삼각형의 틀 안에 균형적으로 배치한다. 가령 그릇과 컵, 냅킨을 세트로 함께 진열하고 그 옆에 꽃병을 장식하는 삼각형 구성은 정리된 깔끔한 느낌을 주고 상품을 더욱 돋보이게 한다.

삼각형 구성은 삼각형의 밑변에 해당하는 부분이 넓게 좌우로 펴지기 때문에 안정감이 있고, 구성 측면에서도 균형 잡기가 쉬워 짧은 시간 안에 상품을 진열할 수 있다.

이에 반해 역삼각형 구성은 삼각형의 꼭지점이 아래를 향하고 넓은 밑변이 위를 향하는 구성이라 불안정해 보이지만 역동성과 변화를 줄 수 있다. 따라서 균형적인 배치에 주의하면서 역삼각형 구성에 적합한 상품을 선택하는 것이 중요하다.

45

생동감과 **리듬감**을 주는
반복 구성

: 삼각형 구성과 찰떡궁합

: 동일한 구성을 반복한다

반복 구성은 선반에 어떤 방법으로 상품을 구성할 것인지를 정한 다음에 동일한 구성을 반복해서 진열하는 것이다. 동일한 구성을 2~3번 반복해 상품을 진열하기 때문에 보는 즐거움과 리듬감을 연출할 수 있다.

비교적 넓은 공간이 필요하다는 단점이 있지만, 동일한 구성을 반복하면 되기 때문에 누구나 손쉽게 할 수 있다. 이 구성 방법은 한 가지 상품의 다양성을 소개하는 데 적합하다.

●상품의 다양성을 보여준다

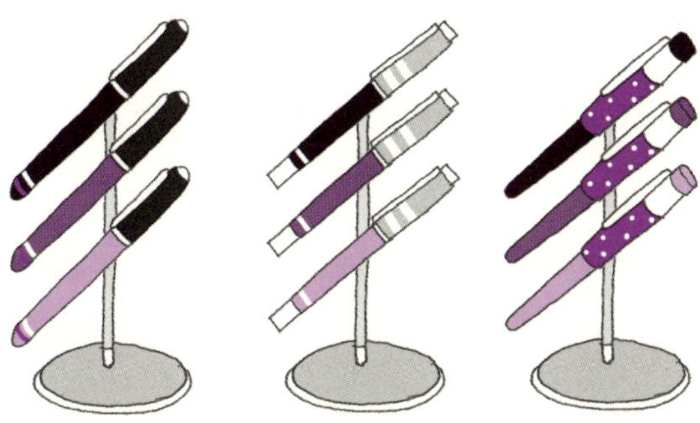

●반복+삼각형의 구성으로 리듬감을 살린다

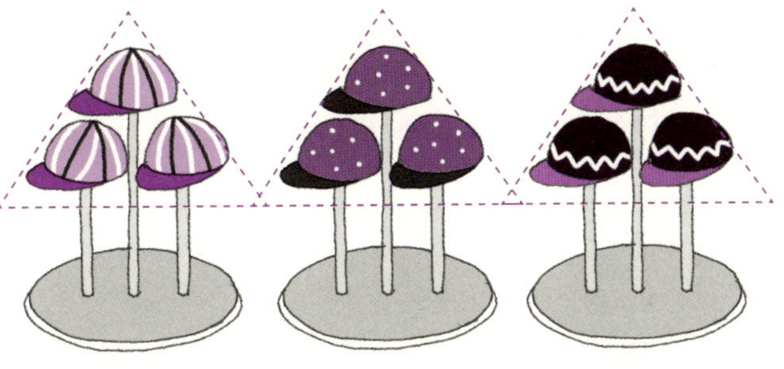

삼각형 구성과 함께 누구나 간단히 할 수 있는 효과 만점의 반복 구성.

: 동일한 구성 방법으로 나란히 진열한다

예를 들어 매장 벽면에 5단짜리 선반이 있고 여름철 반팔 티셔츠가 진열되어 있다고 가정해보자. 이때 가장 높은 단의 빈 공간을 반복 구성으로 채운다.

우선 어떤 구성으로 상품을 진열할지를 정한다. 여름철 티셔츠의 이미지에 맞게 해바라기 소품을 활용해 삼각형으로 구성하기로 했다면 티셔츠 3장을 선택해 스탠드 행거로 삼각형의 형태를 만들고 포인트로 해바라기 소품을 장식한다. 이 구성을 기본으로 바로 양 옆에 다른 무늬의 티셔츠로 동일한 삼각형 구성을 2개 더 만든다.

반복 구성이 완성된 선반을 조금 떨어져 바라보면 3개의 삼각형 구성이 나란히 놓여 있어 매장에 생동감과 리듬감이 느껴지는 것을 확인할 수 있다. 간단하게 매장 분위기를 띄울 수 있는 효과적인 구성 방법을 숙지하고 매장에 적용해보길 바란다.

46

POP 광고의 달인이 되자
: 5가지의 적(適)으로 효과를 최대한 높인다

: 구매 욕구를 자극하는 강력한 도구

POP 광고는 '말없는 판매원'으로 고객의 구매 욕구를 자극하는 역할을 한다. 상품의 장점과 매력을 전달하고 매장에 활기를 불어 넣으려면 POP 광고의 내용과 위치를 고려해야 한다.

: POP 광고의 체크 포인트

POP 광고를 활용할 때는 아래의 5가지 '적'에 대해 반드시 점검하여 효과를 최대한으로 이끌어낸다.

POP 광고는 이렇게 설치한다

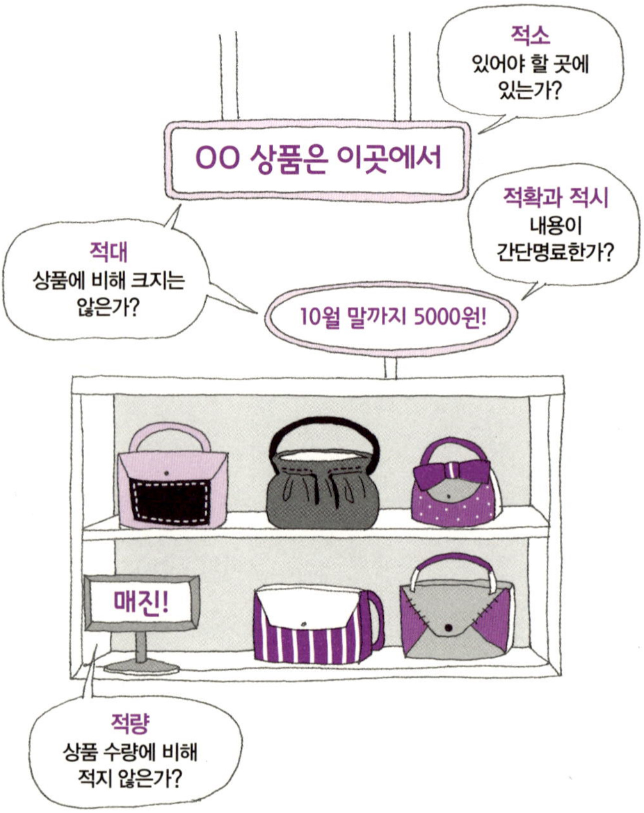

POP 광고의 5가지 포인트로 상품의 매력을 더욱 돋보이게 한다.

① 적소 (適所)

POP 광고가 있어야 할 곳에 있는지를 확인한다. 고객이 자주 묻는 질문이나 상품 취급 시의 주의사항 등은 POP로 표시해 고객에게 알린다.

② 적확 (適確)

내용은 되도록 간단명료하게 적는다. 오자나 탈자, 파손, 탈색, 오염 등이 없는지, 상품의 장점과 매력을 잘 나타내고 있는지를 확인한다.

③ 적시 (適時)

지금 꼭 필요한 POP 광고인지, 시기를 놓친 POP 광고는 아닌지 매일 시기를 점검한다.

④ 적대 (敵大)

소개할 상품의 크기에 비해 POP 광고가 크지는 않은지, 통일성이 있는지 등을 확인한다.

⑤ 적량 (適量)

상품 수량에 POP 광고의 개수가 적당한지, 매장의 전체적인 균형을 고려했을 때에 POP 광고가 과하지 않은지 등을 확인한다.

47

POP 광고에 진심을 담는다

: 한번만 봐도 바로 알 수 있도록 하라

: 손글씨로 솔직한 정보를 담는다

POP 광고는 요령만 잘 습득하면 누구나 손쉽게 활용할 수 있다. 컴퓨터를 이용하기도 하지만 고객에게 진심을 전하기 위해서는 직접 손으로 써야 효과적이다.

POP 광고를 쓸 때는 상품에 없는 특징이나 효과, 장점 등 거짓을 써서는 안 된다. 또한 거창하게 꾸민 멋진 말보다 생생한 목소리, 즉 직선적인 표현이 고객의 마음을 사로잡는다.

: POP 작성할 때의 유의점

POP 광고를 작성할 때는 다음 사항을 주의한다.

Shop 주요 포인트를 취사선택해 간단명료하게 적는다.

❶ 내용은 간단명료하게 적는다

읽어서 이해하기보다는 보고 바로 알 수 있도록 작성한다. 전달하려는 내용에 순서를 정하고 취사선택한다.

❷ 오자와 탈자가 없도록 초안을 작성한다

글자와 내용에 오류가 있으면 상품에 대한 신뢰성을 떨어뜨릴 수 있으므로 반드시 주의한다.

❸ 용지(소재)에 여백을 남겨둔다

리듬감이나 역동성, 변화가 필요한 경우에는 여백을 활용하거나, 글자가 용지 밖으로 튀어나가도록 한다. 또는 POP 광고 용지를 사선 방향으로 이용하는 방법도 좋다.

❹ 3가지 색상으로 작성한다

너무 여러 가지 색상을 사용하면 산만해지기 쉬우므로 주의한다.

❺ 재미있는 표현을 생각한다

글자에 강약을 주거나 크기에 변화를 준다. 또한 그림 혹은 사진을 첨부하면 보다 효과적이다. 다만 전체적인 균형을 고려한다.

❻ 법적 문제와 규제에 유의한다

사진이나 그림은 저작권 문제가 발생할 수 있으므로 주의한다.

  끌리는 매장의 비밀

48

계절과 행사에 맞는 연출

: S/S 시즌은 밝고 활동적인 이미지로 연출

: 생활에 변화를 준다

봄, 여름철의 매장은 계절에 맞게 전체적으로 밝고 명랑한 분위기를 연출해야 한다. 이 시즌은 다양한 행사가 많아 고객의 생활 리듬에 변화가 생기는 계절이므로 매장은 고객의 변화된 라이프 스타일에 대비해 한 발 앞서 나가야 한다.

: 봄 시즌

따뜻한 봄철에는 겨울 상품으로 무거웠던 매장을 아기자기한 소품을 활용해 상쾌하고 밝은 분위기로 변화시킨다. 추운 겨울철의 어두운 분위기를 바꿀 밝은 색상의 인테리어 소품으로 사용한다.

S/S 시즌 연출

봄

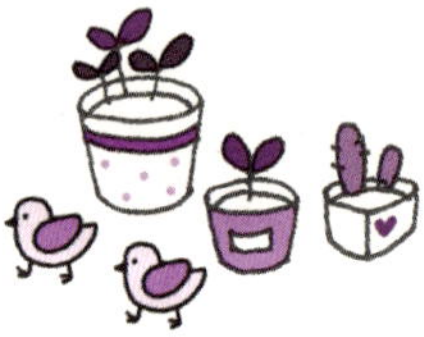

겨울 상품 세일　나들이용 소품　이사용품

어린이날　화분　교복

여름

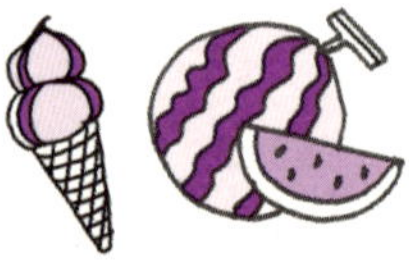

여행용품　선글라스　수영복

계절과일　여름 보양식　모자

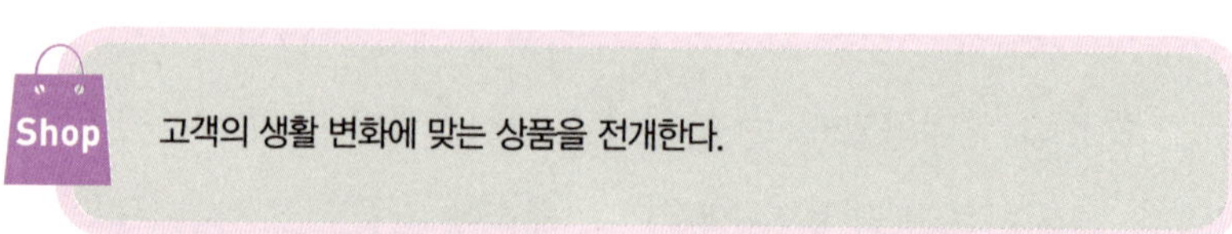

고객의 생활 변화에 맞는 상품을 전개한다.

또한 봄은 졸업과 입학, 신입사원 입사, 이사, 전근, 만남과 헤어짐, 이동, 새로운 생활의 시작 등 생활 전반의 중요한 전환점을 맞는 시기이기도 하다. 이 시기에 고객들은 자신의 변화된 생활에 필요한 상품을 찾는다. 따라서 관련 상품을 미리 파악해 매장에 진열한다. 또한 POP 광고를 활용해 고객이 찾고 있던 물건 혹은 갖고 싶었던 물건을 곧바로 구매할 수 있도록 준비한다.

: 여름 시즌

여름 시즌은 방학과 휴가 등 삶의 여유를 즐기는 시기이다. 필요한 상품을 미리 확보해 매장에 진열한다. 예를 들어 바다나 산으로 여행갈 때에 필요한 상품은 편리함과 안정성이 높은 용품을 중심으로 진열하되 해바라기나 작은 튜브, 자연의 모습을 담은 포스터 등을 함께 장식한다.

또한 휴가를 맞이해 시골에 내려가는 고객을 위해 귀성 선물을 함께 준비해도 좋다. 그리고 해외 여행에 필요한 정보를 POP 광고를 통해 덧붙이는 방법도 고객의 관심을 끄는 데 효과적이다.

49

이벤트와 상품 제안을 통한 연출

: F/W 시즌은 문화적, 예술적 이미지로 연출

: 차분한 이미지를 연출한다

가을, 겨울철의 매장은 전체적으로 짙은 색상을 이용해 봄, 여름철에 비해 어둡고 중후한 분위기로 바꾼다. 단 너무 무거운 느낌이 들지 않도록 차분한 이미지를 연출한다.

F/W 시즌은 계절 변화의 영향은 적지만 문화와 예술적인 욕구가 높아지는 시기이다. 이벤트와 라이프 스타일 제안으로 매장에 활력을 불어넣고 고객의 구매 욕구를 자극한다.

: 의, 식, 주, 유, 지의 법칙

가을과 겨울에는 '의, 식, 주, 유, 지'로 고객의 관심을 사로잡는다.

의, 식, 주를 중심으로 계절에 맞는 상품을 진열한다.

❶ 의 (衣)

의류 상품은 반소매에서 긴소매로 바꾸어 진열하고, 팔짱을 끼거나 허리에 손을 얹는 등 마네킹의 동작에 변화를 준다.

❷ 식 (食)

여름철 더위에 지친 입맛을 살리는 가을철 별미를 소개한다. 추운 겨울철에는 '가족과 함께 하는 따뜻한 국물 요리' 등을 주제로 가족 메뉴를 제안한다.

❸ 주 (住)

색상이 짙어지고 소재가 두꺼워지는 등 전체적으로 무거운 이미지로 변한다. 따라서 밝은 문양이나 색상의 제품을 앞쪽에 진열하고, 매트와 같이 부피가 큰 상품은 만져보기 쉽게 진열한다.

❹ 유 (遊)

여행과 지역 이벤트 등 정보를 제공하고 관련 상품을 준비한다.

❺ 지 (知)

문화 이벤트를 적극적으로 활용한다. 음악 연주회는 CD, 작가 강연회는 책, 시연 이벤트는 요리 도구 등을 판매하고 주력 판매 상품과 관련된 이벤트를 개최해 매장 분위기를 띄운다.

50

대목을 위한 판매 계획 세우기
: 크리스마스와 연말에 대비한다

: 매출 목표를 달성한다

1년 중에서 가장 큰 대목이 바로 크리스마스와 연말이다. 이 시기에는 목표 매출을 달성하기 위한 연출법에 온 힘을 쏟아야 한다. 새해가 되면 결산을 앞두고 재고 정리에 들어가기 때문이다. 따라서 이 시기는 대목을 잡기 위한 판매 계획에 따라 매장을 구성하도록 한다.

: 시기를 고려한 2가지 연출 방법

판매 계획에 따라 달라지는 연출 방법에 대해 알아보자.

연말연시에 적합한 판매 전략

● 재고 상품을 판매할 경우

➡ 세일을 강조한다. 상품 비교가 쉽게 배치한다.

● 기존 전략을 유지하다 연초부터 재고를 처분할 경우

➡ 크리스마스 시즌은 인테리어 소품을 활용해 밝고 즐거운
분위기를 연출한다

판매 계획에 따라 매장 분위기를 연출하고 판매 포인트를 바꾼다.

매장 전체를 세일 분위기로 연출한다. 판매, 즉 매출을 올리기 위해 다량의 상품을 매장에 진열한다. 자칫 복잡하고 지저분한 인상을 줄 수 있으므로 항상 정리에 신경 써야 한다.

또한 연관성에 따라 상품을 구분해 진열하고, 고객이 만져보고 쉽게 고를 수 있도록 한다. 그렇게 해야 곧바로 구매로 연결된다.

고객의 눈길을 사로잡을 수 있도록 크리스마스 장식과 관련 상품으로 발랄하고 즐거운 분위기를 연출한다. 선물용품이나 파티용품을 진열하거나 크리스마스 케이크의 예약 판매 등을 POP 광고를 통해 안내한다. 단 크리스마스 시즌이 지나면 인테리어 소품을 모두 제거하고 연초 세일을 중심으로 매장에 변화를 준다.

51

상품과 매장을 비추는 조명 연출법

: 조명 각도에 따라 달라지는 매장 분위기

: 효과 만점의 연출 소품

매장 조명은 어두운 곳을 밝게 비추는 안전상의 역할만이 아니라 매장의 분위기와 이미지를 연출하는 소품이기도 하다.

예를 들어 다른 상품보다 판매 주력 상품을 더 밝게 비춰 돋보이게 할 수도 있고, 의류 상품의 경우에는 가슴 부분에 조명을 비춤으로써 상품 전체의 이미지를 돋보이게 만들 수도 있다.

한편 플로어에 조명을 비추면 고객의 움직임을 그곳으로 유도하는 효과가 있다. 뿐만 아니라 매장 안쪽을 환하게 비추면 매장 전체가 밝아지고 고객을 안쪽으로 유도할 수 있다.

조명은 어디를 비춰야 하는가?

· 윈도우 디스플레이 ·

· 매장 입구 ·

· 상품 자체 ·

조명은 매장 전체의 음영을 고려해 적절히 사용한다.

: 음영의 균형을 점검한다

이처럼 조명은 다양한 효과를 기대할 수 있는 반면 음영이 극과 극으로 확연히 구분되면 눈이 쉽게 피로해질 수 있다. 기본적으로 매장 전체의 밝기를 조절하고 그 다음으로 상품을 조금 더 밝게 비추는 정도가 적당하다.

조명은 비추는 방법에 따라 어두운 그림자가 생길 수 있다. 매장 전체의 균형과 분위기를 고려해 상품뿐만 아니라 벽과 플로어에 조명을 비추어 어두운 그림자가 생기지 않도록 해야 한다. 음영의 균형을 항상 점검한다.

또한 상품을 진열한 후에는 특히 스포트 라이트 즉 목표 위치에 조명이 잘 맞춰졌는지를 점검한다. 손바닥을 펴서 조명 가까이에서 좌우로 흔들면 조명이 비추는 위치와 범위를 간단하게 확인할 수 있다.

52

한 장면을 연상시키는 소품 연출법

: 캠핑, 파티 등 상품을 사용할 때의 이미지를 연출

: 매장 연출에 사용되는 소품

매장은 상품과 상품이 지닌 콘셉트를 돋보이게 하기 위해 인테리어 소품을 활용하기도 한다. 연출 소품은 진짜와 똑같이 만든 모조품이나 조화, 목재, 동물 모형, 플라스틱 액세서리, 벤치, 가로등 등의 가구류에서 인테리어 소품까지 종류가 다양하다.

연출 소품을 사용할 때는 주인공은 상품이고, 소품은 주인공을 돋보이게 하는 조연이라는 사실을 잊어서는 안 된다.

: 주인공을 돋보이게 하는 조연

주인공인 판매 상품을 돋보이게 하려면 상품 자체보다 그 상품

● 상품 콘셉트를 연출한다

상품을 사용하는 상황 혹은 장면이 떠오르도록 연출 소품을 효과적으로 활용한다.

이 어떤 상황에서 사용되는지에 대한 '콘셉트'가 돋보이도록 연출 소품을 활용한다.

예를 들어 드레스가 판매 주력 상품일 경우에 '세련된 드레스를 입고 파티에 참석할 때에 이 드레스가 당신을 더욱 돋보이게 만든다'는 콘셉트를 정해 파티의 한 장면이 떠오르도록 테이블과 와인, 와인 잔 등의 소품을 활용한다. 또한 겨울철에는 '오늘은 날씨가 많이 쌀쌀해요. 얼어붙은 몸을 따뜻하게 녹여줄 부산의 명물, 어묵 요리를 만들어보세요!'라는 콘셉트에 따라 부산 지역의 독특한 분위기를 연출하는 소품을 진열한다.

이처럼 연출 소품은 판매 상품보다 상품을 사용하는 상황 혹은 장면을 연출하기 위해 사용한다. 이런 방법은 결과적으로 상품을 더욱 돋보이게 만든다.

53

매장 이미지를 좌우하는 색상 연출법

: 고객의 눈에 띄는 곳은 통일되게 연출

: 매장의 색상을 조절한다

어떤 매장에 들어가 '깨끗하다' 혹은 '왠지 모르게 눈이 피로하다'라고 생각한 적이 있는가? 이는 매장 안의 색상을 어떻게 연출하느냐에 따라 다르게 나타나는 결과이다. 매장 공간과 상품의 색상은 매장의 이미지를 좌우한다. 어떤 색상으로 매장을 꾸미고 연출하느냐에 따라 매장 이미지를 관리할 수 있다.

어떤 상품을 취급하든지 매장은 고객에게 좋은 이미지를 주어야 한다. 이를 위해서 눈에 띄는 장소는 되도록 통일된 색상을 활용해 포인트를 주고 윈도우나 메인 스테이지, 집기 끝, 선반의 최상단 등에 진열할 상품의 색상은 통일해야 한다.

·윈도우·

·메인 스테이지·

·집기 끝·

·선반 위·

매장에 사용하는 색상에 따라 매장 이미지가 달라진다.

매장을 통일감 없이 너무 많은 색상으로 채워 넣으면 지저분하고 복잡한 인상을 줄 수 있기 때문이다.

: 색상이 가진 고유 이미지의 활용

진열할 상품의 색상을 통일하기 이전에 색상 자체가 갖는 고유 이미지를 떠올려보라. 따뜻하게 느껴지는 색은 빨간색과 주황색이 있다. 겨울철 난방용품을 설명하는 POP 광고나 F/W 시즌의 의류 제품 광고에 주로 사용된다. 반대로 시원한 느낌을 주는 색으로 파란색이 있다. 여름철 혹은 유리제품 아래에 까는 종이, 음료수 광고 등에 주로 사용된다.

매장 안에 어떤 특정 색상을 많이 사용하면 고객은 그 색의 이미지를 의식적으로 받아들인다. 따라서 매장 이미지에 맞게 색상을 신중하게 선택해야 한다. 빨강이나 주황 등 비슷한 색상을 조합할 때는 선명도를 다르게 해 색상의 균형을 맞추도록 한다.

54

재고는 없다, 판매 촉진 연출법

: 광고 상품과 한정 상품의 연출 방법

: 상품에 따라 다른 판촉 포인트

매장은 계절에 따라 적합한 상품을 준비하고 고객의 관심을 끌기 위한 다양한 진열 방법, 그리고 판매를 촉진시키기 위한 연출 방법을 모색한다. 판매 촉진을 위한 연출 방법에 대해 알아보자.

: 효과 높은 3가지 판촉 포인트

고객의 구매를 유도하는 다음의 판매 포인트 3가지를 기억해두자.

❶ 광고지와 전단지 상품

보통 광고지나 DM(direct mail ; 특정 대상인에게 발송하는 카탈로그),

전단지, 포스터 등에 게재된 상품은 고객이 많이 찾는다. 따라서 진열 선반의 끝이나 매대 등과 같이 눈에 잘 띄는 곳에 진열한다. 반드시 광고와 똑같은 이미지를 연출하고 '광고지에 게재된 상품'이라는 POP 광고를 붙여 고객의 관심을 끈다.

② 기간 한정품

판매 기간이 정해진 상품은 반드시 기간 내에 다 팔 수 있도록 한다. 상품을 모아 한곳에 진열하고 판매 기간이 확실히 보이도록 POP 광고를 붙인다.

③ 판매 주력 상품

다른 상품과 차별되도록 하여 '이 상품이 매장의 판매 주력 상품이다'라고 고객에게 확실히 인지시켜야 한다.

가령 판매 주력 상품이 '가을 여행용 가방'일 경우에 우선 가장 눈에 띄는 메인 스테이지에 가방을 진열한다. 그리고 여행에 적합한 상품, 즉 가방에 구겨 넣어도 주름이 잘 생기지 않는 캐주얼 의류나 모자, 편안한 신발과 화장품 파우치 등을 함께 진열한다. 또한 스테이지 뒤편에 가을 풍경 스크린을 설치해 고객의 눈길을 사로잡는 것도 효과적인 연출 방법이다.

판매 시기를 놓치지 않는다. '재고란 없다'는 각오로 노력하자.

55

고객을 끌어모으는 이벤트 연출법
: 매출과 호감도를 동시에 잡는다

: 이벤트의 목적을 확인한다

매장은 고객을 끌어 모아 매출을 올리기 위해 시즌마다 이벤트를 개최하기도 한다. 이벤트의 개최 성패는 이벤트 목적이 얼마나 명확하느냐에 달려 있다. 따라서 이벤트를 개최하기 전에 반드시 그 목적을 명확히 설정해야 한다.

: 행사 증정품과 시즌 이벤트

매장에서 이뤄지는 이벤트의 종류와 주된 목적 및 방법에 대해 살펴보자.

Shop | 참여 이벤트는 매장에 대한 호감도를 높이는 마법의 테크닉이다.

❶ 판매가 목적인 이벤트

대표적으로 세일 이벤트가 있다. 고객이 상품을 쉽게 만져보거나 비교할 수 있도록 진열하는 것이 중요하다. 단, 매장 안이 금세 혼잡해지거나 상품 진열이 흐트러질 수 있다. 이럴 경우 '싸구려'라는 이미지를 줄 수 있으므로 상품의 가치를 정확히 알려야 한다.

❷ 고객의 시선을 집중시키는 것이 목적인 이벤트

일정 금액 이상을 구매한 고객에게 행사 상품을 증정하는 이벤트가 있다. 이벤트 내용과 날짜가 잘 보이도록 디스플레이나 POP 광고를 통일한다. 또한 어버이날에 상품을 구입하면 감사 카드를 서비스로 증정하는 이벤트를 활용하여 고객의 구매 욕구를 자극한다.

❸ 매장의 호감도를 높이는 것이 목적인 이벤트

고객에게 좋은 인상을 심어주기 위한 참여 이벤트가 있다. 예를 들어 연말연시 새해 소원을 비는 이벤트 코너를 마련해 매장을 방문한 고객과 지역 주민들이 자연스럽게 참여할 수 있도록 유도한다. 이를 통해 방문한 사람들에게 '이곳은 상품을 무리하게 판매하지 않고, 즐거움을 선사하는 곳'이라는 인상을 남긴다.

세일,
이렇게 연출하자

: 3가지 세일 전략

매장 이벤트 가운데 가장 쉽게 접할 수 있는 세일 이벤트는 다음과 같이 크게 3가지로 나눌 수 있다.

전략 1 판매 계획에 따른 세일

계절 상품으로 그 시기에 판매해야 하는 상품을 세일하는 이벤트이다. 기후 변동과 상품 판매량 등을 고려해 어느 시기에 이벤트를 진행할지를 정하는 것이 중요하다.

매장은 평소와 다르게 밝고 활기찬 분위기를 연출하고 포스터나 POP 광고로 상품을 돋보이게 한다. 또한 상품은 평소보다 많은 양을 진열한다.

전략 2 기념 세일

매장 오픈 혹은 정리, 리뉴얼, 창업 기념일 등에 진행하는 세일 이벤트이다. 대부분 중요한 날을 기념하는 세일이므로 고객에게 감사의 마음을 표현한다. 그리고 매장을 정리하는 마지막 세일을 제외한 경우에는 한정 상품을 특별한 가격으로 제공한다. 매장은 감사의 마음을 전하는 포스터나 특별 증정품에 대한 POP 광고, 디스플레이 연출로 매장 분위기를 띄운다.

전략 3 계절 행사나 공휴일 세일

발렌타인데이, 어버이날, 크리스마스 등에 진행하는 세일로 각 행사와 관련된 상품을 진열한다. 크리스마스 트리와 장식, 이벤트 캐릭터 등 인테리어 소품을 활용해 매장 분위기를 밝고 즐겁게 연출한다.

5장

오랫동안 사랑받는 매장 만들기

단골고객과 충성고객이 있어야 장수 매장이 될 수 있다.
고객에게 오랫동안 사랑 받는 노하우에 대해 살펴보자.

56

다시 가고 싶은 매장의 공통점

: 5가지 부(不)를 없앤다

: 고객에게 계속 사랑 받으려면

지금까지는 매출을 향상시키기 위해 매장을 어떻게 구성해야 하는지, 상품은 어떻게 진열해야 하는지 그 방법에 대해 살펴봤다. 이는 고객에게 호감을 주고 고객의 발걸음이 끊이질 않는 오랫동안 사랑 받는 매장을 만들기 위함이다.

마지막 5장에서는 '이곳에서 좋은 상품을 구입했어요', '이곳은 또 오고 싶게 만드는 특별한 매력이 있어요' 등 고객에게 꾸준한 관심과 사랑을 받을 수 있는 방법에 대해 알아보자. 일시적으로 사랑 받는 매장이 아닌 오랫동안 사랑 받는 장수 매장이 되기 위해서는 항상 지켜야할 규칙이 있다.

부족
사고 싶은
상품이 없다

불결
플로어에 먼지가
쌓여 있다

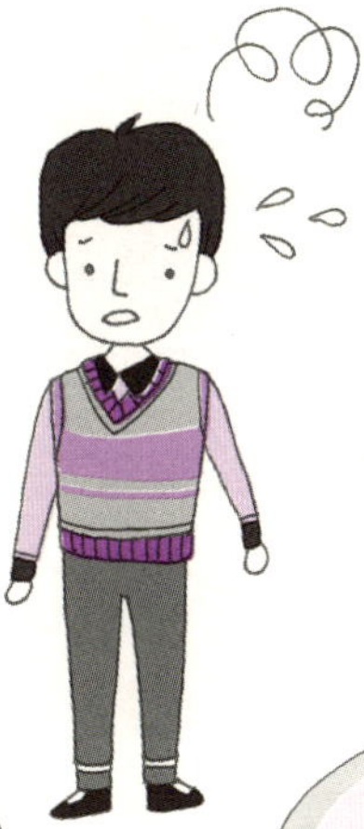

불쾌
매장이 어둡다

불비
조명에 불이
안 들어온다

불안
상품이
손상되어 있다

항상 기본에 충실하자. 기본을 철저히 지키기 위해 노력한다.

: 반드시 없애야 할 5가지의 부(不)

매장에 특별한 매력을 담으려면 우선 다음에 해당하는 5가지를 매장에서 제거하고 꾸준히 점검해야 한다.

❶ 부족 (不足)

판매 상품이 품절되거나 수량이 부족한 매장, 상품이 제자리에 정리되지 않은 매장은 고객에게 실망감을 안겨준다. 항상 상품 수량과 재고를 점검하고 관리한다.

❷ 불쾌 (不快)

지저분하거나 어둡고 폐쇄적인 매장, 혹은 환기가 되지 않아 쾌쾌한 냄새가 나는 매장은 고객에게 불쾌감을 준다. 매일 매장 안을 둘러보며 위생 상태를 점검한다.

❸ 불결 (不潔)

집기 파손, 지저분한 윈도우와 선반, 먼지 쌓인 플로어 등은 고객의 쇼핑을 방해하는 적이다. 쾌적한 환경 속에서 편안하게 쇼핑할 수 있도록 항상 매장을 깨끗이 청소하고 청결하게 유지하도록 노력한다.

❹ 불비 (不備)

조명에 불이 안 들어오거나, 재고 창고의 소음이 들리거나, 온도

관리가 제대로 이뤄지지 않는 등 준비되지 않은 매장의 모습을
고객에게 보여서는 안 된다. 직원마다 담당 업무와 당번을 정해
매일 매장의 상황을 점검한다.

⑤ 불안 (不安)

망가진 상품, 녹슨 파이프나 집기 등은 매장 전체의 이미지를 해
친다. 심한 경우에는 매장에 대한 신뢰성을 떨어뜨릴 수 있으므
로 반드시 점검하고 매장에서 제거한다.

57

직원 동선은 짧게, 고객을 기다리지 않게 한다

: 계산대와 창고로 이어지는 직선통로

: 기다림은 불신을 낳는다

고객이라면 누구나 이런 경험을 해봤을 것이다. 마음에 드는 상품이 있어 사이즈를 찾았는데 매장에 상품이 없었다. 직원을 불러 사이즈에 관해 물어보자, 상품을 찾아오겠다며 창고로 갔다. 그런데 한참이 지나도 직원은 돌아오지 않았다. 물건을 계산하려고 계산대에 갔지만 직원이 없어 계속 기다렸다.

이런 경우의 지루한 기다림은 고객에게 불쾌감을 주고 매장에 대한 신뢰까지 떨어뜨린다. 따라서 매장 직원이 재빨리 움직일 수 있도록 직원 동선을 재점검해야 한다.

고객을 기다리지 않게 하는 매장 레이아웃으로 변경한다.

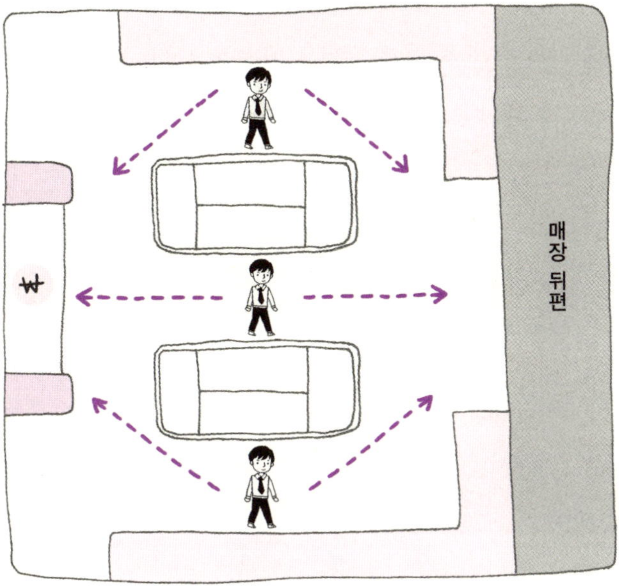

: 가장 효율적인 직원 동선

직원 동선이란 매장에서 직원이 움직이는 흐름을 말한다. 이는 고객 동선과 정반대의 개념으로, 고객 동선은 상품을 둘러볼 기회를 더 많이 만들기 위해 가급적 길게 그리고 매장 안쪽을 크게 돌 수 있도록 설정한다.

그러나 이와 반대로 직원 동선은 가능한 짧아야 한다. 직원이 서 있는 곳에서 계산대와 매장 뒤편, 창고까지 직선으로 움직일 수 있도록 한다. 단 직원이 서로 교차하는 동선은 설정하지 않는다. 서로 교차하는 동선은 매장 안을 복잡하게 만들고, 쉽게 움직일 수 없어 직원에게 스트레스를 준다. 뿐만 아니라 고객을 오래 기다리게 하는 시간적 손실을 낳는다.

이처럼 상품 재고를 바로 확인하거나, 계산 경험이 적은 신입직원을 돕기 위해서라도 직원 동선은 직원이 쉽게 움직일 수 있도록 잘 설정해야 한다.

58

단골고객을 늘리는 대화의 공간
: 쉴 수 있는 공간과 음료 서비스를 제공한다

: 고객에게 가까이 다가간다

매장에 고객과 대화할 수 있는 공간을 마련해보면 어떨까? 고객은 대화를 통해 알게 된 매장 직원에게 친근함을 느끼고 이러한 과정을 통해 단골고객이 될 가능성이 높아진다. 또한 고객과의 대화를 통해 최신 유행에 관한 주변 이야기나 고객이 선호하는 상품, 매장에 대한 평가 등 중요한 정보를 얻을 수 있다.

그 외에도 고객에게 필요한 상품과 고객이 갖고 싶어하는 상품이 무엇인지를 파악할 수 있는 기회를 얻고, 그에 맞는 매장 상품을 추천할 수 있다. 이처럼 매장에 고객과 편안하게 대화를 나눌 수 있는 공간을 마련하면 많은 이점이 있다.

고객과 긴밀한 유대감을 형성하기 위한 공간을 만든다.

예를 들어 커피나 전통차 등을 판매하는 전문점의 경우에 입구 근처에 테이블과 의자를 둔다. 매장을 방문한 고객에게 앉기를 권하고 차를 내어 대접하면서 고객과의 접점을 만든다. 시간이 흘러 단골고객이 된 고객이 다른 고객을 데려오고 지역 커뮤니케이션의 장소로 사용된다면 이는 '고객과의 대화 공간 마련'에 성공했다고 할 수 있다.

또한 안경 전문점의 경우도 검안이나 시력 검사에 사용할 카운터를 마련하고, 의류 매장은 중앙에 소파나 테이블을 두어 고객과의 대화 공간을 마련한다. 이처럼 고객과 편안하게 대화할 수 있는 공간은 고객과의 긴밀한 유대감을 만드는 중요한 역할을 하며 단골고객을 늘리는 효과적인 방법이기도 하다.

59

우리 매장의 특징은 무엇인가

: 다른 매장과의 차별화를 꾀한다

: 우리 매장만의 특징을 표현한다

이것만은 다른 매장에 지지 않는다고 자랑할 수 있는 특징이 있는가? 평범하더라도 다른 매장과 차별화된 특징을 만들면 그것이 매장의 개성이 되고 고객의 눈길을 사로잡는 포인트가 된다. 단 매장의 특징과 개성은 지속적으로 유지해나갈 수 있어야 한다.

: 일회성이 아닌 지속성이 중요하다

어느 의류 매장의 점주는 자신의 감각을 고객에게 알리고자 윈도우를 설치하고 다른 매장과 차별되게 손으로 직접 만든 장식과 인테리어 소품을 활용해 상품을 진열했다고 한다. 그러자 고객들

Shop 고객을 위한 자그마한 배려가 매장의 개성과 특징이 된다.

이 다른 매장과 뭔가 다르다며 입소문을 냈고 점차 방문고객이 많아지면서 자연히 단골고객과 충성고객도 늘어나게 됐다.

또한 어느 과자점은 매장 입구에 입간판을 두어 계절 인사나 일러스트를 그려 고객에게 매장의 존재를 알렸다고 한다. 그러자 입간판이 바뀔 때마다 고객들이 입구에 서서 입간판을 감상하기 시작했고 이를 계기로 단골손님이 늘었다고 한다. 이처럼 아무리 사소한 것이라도 소홀히 하지 않고 꾸준히 한다면 다른 매장에서 흉내 낼 수 없는 우리 매장만의 개성과 특징이 된다.

계산대 옆에 꽃을 장식하거나 벽에 '주인장의 한마디'를 거는 등 매장 분위기에 맞게 사소한 것이라도 도전해보면 어떨까? 고객을 위한 일이라 생각하고 평범한 일이라도 꾸준히 한다면 이는 다른 매장에 앞서는 아주 강력한 무기가 될 것이다.

60

다른 매장 장점에서 힌트를 얻는다

: 우리 매장에서 활용할 수 있는지 생각하며 살피기

: 경쟁 매장을 본보기로 삼는다

혹시 주변에 '이런 매장 괜찮은데' 혹은 '우리 매장도 이랬으면 좋겠다'는 생각이 드는 매장이 있는가? 그렇다면 그곳을 방문해 장점을 분석하고 자신의 매장에 활용해보자.

: 고객의 관점과 매장의 관점에서 관찰한다

경쟁 매장을 관찰할 때는 '우리 매장에도 활용할 수 있는가?' 하는 목적을 갖고 살펴야 한다. 목적이 명확하면 그냥 지나칠 수 있는 특징이 한눈에 들어오기 때문이다. 또한 매장의 관점과 고객의 관점을 의식해서 주의 깊게 살펴야 한다.

Shop 다른 매장을 관찰하면 우리 매장의 부족한 점이 보인다.

　　매장의 관점은 왜 이런 레이아웃을 짰는지, 우리 매장과 비교해 상품을 어느 장소에 얼마만큼 진열했는지 등 자기 매장의 상황과 비교하면서 살피는 것이다. 반면 고객의 관점은 상품이 보기 편한지, 만져보고 비교할 수 있는지, 통로가 좁지 않은지 등 고객의 입장에서 매장을 관찰하는 것이다.

　　관찰 순서는 우선 매장 앞에서 외관을 살피고 매장 안으로 들어가 주요 통로를 한 바퀴 돌아본다. 그 다음에 둘러본 매장 내부 중에서 가장 인상적인 곳을 집어 여러 번 세심하게 관찰한다. 그리고 레이아웃 등의 매장 내부 모습과 분위기를 기억하고 매장 밖에서 스케치를 한다. 또한 관찰 시에 점주의 허락을 얻어 사진을 찍거나, 보폭이나 팔을 기준으로 사이즈를 재는 것도 좋은 방법이다 (허락 없는 무단 사진 촬영은 규칙 위반이니 주의하자).

61

쇼핑하고 싶은 곳, 직원이 빛나는 매장
: 매일 보람을 느끼며 일하기 위한 3가지 요소

: 직원의 '활기'는 고객에게 반드시 전해진다

매일 보람과 즐거움을 느끼며 기분 좋게 일하는 직원의 마음은 고객에게 그대로 전달된다. 서비스에서 직원의 자신감이 느껴지고 매장 안이 밝게 느껴지기 때문이다.

: 일하는 보람을 만드는 3가지 요소

판매 직원이 일하면서 보람을 느끼면 그 매장은 직원의 에너지로 더욱 밝아진다. 그렇기 때문에 늘 일하는 보람을 느낄 수 있도록 관리하는 것도 중요하다. 다음 3가지 요소를 잊지 말자.

매장 직원의 자신감은 어디에서 오는가?

❶ 기대

고객에게 신뢰받는 일

- 재방문
- 단골고객
- 지명

❷ 얼굴 (이미지)

매장의 특징과 개성이
마음에 든다

- 세련미
- 미소
- 화사한 분위기

❸ 목표

매장 목표가 명확하다

- 주요 타깃
- 매출
- 꿈

Shop

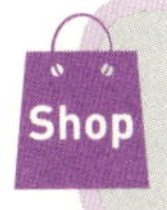

직원이 일하는 보람을 느끼는 매장이 고객에게 인기 있는 매장이다.

❶ **기대**

직원은 고객에게 기대와 신뢰를 얻으면 일하는 보람이 생긴다. 인기 매장, 매장의 품격을 마음 속에 새기면서 일하면 더욱 효과적이다. 고객을 맞이하는 최고의 매장으로 만들어야 한다는 의식이 강해지기 때문이다.

❷ **밝은 표정과 미소**

직원의 얼굴은 곧 매장의 얼굴로, 매장 이미지를 좌우한다. 이미지는 매장의 개성과 특징을 말한다. 자랑스럽게 고객에게 보일 수 있도록 항상 직원끼리 협력하고 공유한다.

❸ **명확한 목표**

목표가 명확하면 어디를 향해 나가야 할지 정확히 알 수 있고 시간 낭비를 줄일 수 있다. 또한 그만큼 일하는 보람이 커진다. 예를 들어 '몇 년 후에는 점장이 되겠다'와 같이 목표를 세우면 매장에서 일하는 기쁨이 생기고 더 많이 노력하려는 의지가 샘솟는다.

우리는 위의 3가지 사항을 토대로 유행과 시대 흐름에 민감히 반응하는 매장을 만들어야 한다. 그리고 매장 브랜드를 꾸준히 키워 나가려는 자세를 직원끼리 공유해야 한다. 직원이 활기 넘치고 긍정적으로 일하는 매장이야 말로 고객에게 꾸준한 사랑을 받을 수 있다. 그 결과 단골고객과 충성고객이 늘어나고 매출이 향상된다.

62

매장 구성의 마지막 점검

: 장소, 상품, 서비스가 제대로 이뤄지고 있는가?

: 장수 매장을 목표로 삼아라

1장의 첫 부분에서 매장의 장소, 상품, 고객 서비스 역할에 대해 설명했다. 그리고 각 역할을 매장에 적용하기 위한 방법을 소개했다. 이는 매장을 구성하는 데 가장 기본이 되는 요소로 마지막 단계에서 반드시 점검해야 한다.

제일 먼저 장소의 역할이다. 매장 구석까지 깨끗이 청소되었는지, 먼지는 없는지를 확인한다. 특히 매장 입구는 개방적인 분위기로 밝게 꾸미고, 매장 안으로 쉽게 들어올 수 있도록 한다. 또한 디스플레이 포인트의 강약을 조절해 고객이 즐겁고 편안한 마음으로 상품을 둘러볼 수 있는 레이아웃을 적절하게 구성했는지 점

장소

1. 매장 입구는 개방적이고 안으로 들어가기 쉬운가? ☐
2. 디스플레이 포인트가 적당한가? ☐
3. 걷기 쉬운 통로와 만져보기 쉬운 레이아웃을 갖추고 있는가? ☐

상품

1. 매장 진열은 잘 되어 있는가? ☐
2. 항상 똑같은 디스플레이는 아닌가? ☐
3. POP 광고의 내용에 오류는 없는가, 크기는 적당한가? ☐

고객 서비스

1. 상품에 대한 설명이 잘 되어 있는가? ☐
2. 고객과의 대화 공간이 마련되어 있는가? ☐
3. 밝은 미소와 표정으로 고객을 맞이하고 있는가? ☐

기본에 충실한 것이 고객에게 꾸준히 사랑받는 지름길이다.

검한다. 그리고 조명이 정확한 위치를 비추고 있는지도 확인한다.

그 다음은 상품의 역할이다. 상품은 잘 정리된 깔끔한 상태를 유지해야 한다. 집기가 파손되거나 녹이 쓸어 변색되지 않도록 관리하고, 유리 케이스도 안에 진열된 상품이 반짝반짝 빛나도록 깨끗이 닦는다. 상품 진열은 정기적으로 바꿔주고, 고객이 언제 방문해도 항상 신선함을 느낄 수 있도록 세심한 부분까지 신경 쓴다. 또한 POP 광고는 오자와 탈자 등 내용에 오류가 없는지, 기간이 지나지는 않았는지, 변색되지는 않았는지, 비틀어지지 않았는지 등을 확인한다.

마지막은 고객 서비스의 역할이다. 판매 직원은 밝은 미소로 고객을 맞이하고 친절히 안내한다. 가능하다면 매장에 고객과의 대화 공간을 마련해 편안한 분위기에서 쇼핑할 수 있도록 고객을 배려한다.

이처럼 우리는 위의 3가지 기본 요소를 철저히 지켜 고객에게 꾸준히 사랑 받는 장수 매장이 되도록 노력해야 한다.

기념일을 활용한
매장 구성법

: 아이디어 하나로 독특한 매장을 구성한다

일 년 동안 우리가 맞이하는 기념일은 의외로 많다. 달력을 펴보면 금세 확인할 수 있는데 이를 매장 구성에 활용해보면 어떨까? 예를 들어 어린이날과 크리스마스 등과 같은 일 년 중 가장 큰 대목과 기념일을 공략해 매장 연출과 판매 전략을 짜는 것이다.

그러나 달력에 적힌 기념일 외에도 독특한 아이디어 하나로 판매 주력 상품을 좀 더 재미있고 즐겁게 진열할 수 있다. 달력에 체크하면서 다른 매장과 차별화되는 개성적인 매장을 만들어 보자.

아래의 기념일을 참고로 매장을 구성해보자.

1월	설날, 정월대보름, 다이어리데이
2월	졸업, 발렌타인데이
3월	삼일절, 입학, 화이트데이
4월	식목일, 과학의 날, 블랙데이
5월	어린이날, 어버이날, 스승의 날, 성년의 날, 로즈데이
6월	현충일, 키스데이
7월	초복, 중복, 실버데이, 제헌절
8월	말복, 광복절, 그린데이
9월	추석, 포토데이
10월	개천절, 한글날, 할로윈, 와인데이
11월	빼빼로데이, 수능, 무비데이
12월	크리스마스, 동지, 허그데이

옮긴이 **이철우**

서울대학교 농업경제학과를 졸업하고 동 대학원에서 경영학 석사 학위와 아주대학교 대학원에서 경영학 박사 학위를 취득했다. 한국마케팅 CEO 대상(2009)과 서울대에서 경영인 대상(2002), AFP 대상(2009), AMP 대상(2011)을 받았으며, 국민훈장 동백장(2011)을 수상하기도 했다. 지은 책으로 《실전 프랜차이즈 마케팅 전략》《열린 가슴으로 소통하라》가 있으며, 옮긴 책으로 《명품 직원이 고객을 움직인다》《마케팅은 짧고 서비스는 길다》《세상에 없는 트렌드를 만드는 사람들》 등이 있다.

옮긴이 **백인수**

고려대학교 무역학과를 졸업하고, 와세다대학 대학원에서 경영학 석·박사를 취득했다. 1993년 산업연구원에서 유통을 연구하기 시작하여 20여 년간 '유통'이라는 한 우물만을 파왔다. 현재 롯데유통전략연구소 소장으로 재직 중이며 유통 연구와 유통 인재 양성을 위해 힘을 쏟고 있다. 옮긴 책으로 《명품 직원이 고객을 움직인다》《마케팅은 짧고 서비스는 길다》《세상에 없는 트렌드를 만드는 사람들》 등이 있다.

끌리는 매장의 비밀

1판 1쇄 발행 2012년 2월 29일
1판 5쇄 발행 2018년 2월 23일

지은이 후쿠다 히로히데
옮긴이 이철우, 백인수
발행인 고병욱
발행처 청림출판
등록 제1989-000026호
주소 06048 서울특별시 강남구 도산대로38길 11(논현동63)
　　　10881 경기도 파주시 회동길 173(문발동 518-6) 청림아트스페이스
전화 02-546-4341　　**팩스** 02-546-8053

www.chungrim.com
cr1@chungrim.com

ISBN 978-89-352-0911-8 03320

잘못된 책은 교환해 드립니다.